KB242248

퍼스트 코리아, 영종입니다

퍼스트 코리아, 영종입니다

퍼스트 코리아, 영종입니다

영종러너 박광운의 배움과 희망

박광운 지음

비타베아타

2000년 군 제대 후 학원 강사로 첫 봉급생활을 시작한 지 25년이 흘렀습니다. 그중 약 20년을 국민이 낸 세금으로 급여를 받으며 일해 왔습니다. 어머니께서 매년 사주를 보고 오시면 "넌 관운이 좋단다" 하셨는데, 어느 정도 맞는 말이 된 셈입니다. 그러다 보니 자연스럽게 '퍼블릭 마인드(public mind)'가 생겼습니다. 누군가는 해야 하지만 아무도 하지 않는 일이 보이면 무의식적으로 '내가 해야겠군' 하는 생각이 듭니다. 당장의 사적 이익은 없더라도, 도움이 필요한 이들이 혜택을 얻고 고마워할 때 만족감을 느낍니다.

영종은 민들레 씨앗처럼 흩날리다 우연히 정착하게 된 도시입니다. 이곳에 안착해 뿌리를 내린 지 8년째가 되었으니 이제 제법 자리를 잡았지요. 영종은 여러 곳에서 날아온 민들레 씨앗들이 군락을 이룬 곳입니다. 소박한 아름다움을 지닌 민들레는 밟혀서 줄기가 끊어져도 다시 일어나는 끈질긴 생명력을 지녔습니다. 영종 주민들도 민들레처럼 어떤

시련도 이겨내는 저력을 지니고 있습니다.

7년 전 처음 영종역사관에 가보고 지역의 과거, 현재, 미래를 관통하는 책을 써보고 싶었습니다. 자기가 사는 곳의 역사를 알면 더 많이 보이게 되고, 보이는 만큼 사랑하게 되기 때문입니다. 현장감 있는 글을 쓰겠다는 포부에도 역량의 한계에 부딪혀 고민의 시간이 길었습니다.

이 책의 1장은 영종역사관의 사료를 근거로 과거를 다뤘고, 2장은 현재 영종의 경제·사회적 이점과 현안을 정리했습니다. 3장은 제가 정치를 시작하게 된 계기와 스승님들의 이야기를, 4장은 영종이 나아가야 할 비전을 담았습니다. 1장과 2장의 내용은 영종역사관의 자료와 영종도서관이 펴낸 《영종, 기록》를 주로 참조하였습니다.

먼저 집필의 용기를 주신 김병일 선배님과 영종 역사의 현재적 의미를 짚어주신 최정학 소장님께 감사드립니다. 안증섭 후배님은 긍정적인 에너지로 활기를 불어넣어 주셨습니다. 영종의 비전을 함께 만드는 영종전환포럼 이재구·정세일 공동대표님과 김동호, 최종준, 노지훈, 장선형, 박지명, 김동환 이사님, 달리는 즐거움과 우정의 공동체를 만들어가는 SWRC 회원분들에게 고마움을 전합니다.

저의 여정에 가장 큰 영향을 주신 이해찬 전 총리님께 깊은 존경과 감사의 마음을 바칩니다. 정치의 기본기와 안목을 가르쳐 주셨습니다. 짧은 기간, 부족한 역량에도 신뢰와 우정을 보내주신 이해식·이탄희 의원님께는 감사함과 미안함을 함께 담아 전합니다. 쉰이 되어도 늘 어린아이처럼 걱정해 주시는 부모님, 죄송하고 감사합니다. 끝으로 철없는 남편 때문에 속 많이 끓이고 있는 아내 한성희와 아들 현이에게 미안함과 사랑의 마음을 전합니다.

박광운 동지가 책을 낸다는 소식을 듣고 무척 반가운 마음이 들었습니다. 책을 찬찬히 살펴보니, 그가 영종의 길 위에서 흘린 땀방울과 고민의 흔적들이 행간마다 오롯이 새겨져 있었습니다.

내가 기억하는 박광운은 성실하고 우직한 사람입니다. 2010년부터 2019년까지, 근 10년이라는 긴 시간 동안 그는 내 곁에서 묵묵히 제 몫을 다해주었습니다. 정치는 말로 하는 것이 아니라 발로 하는 것이며, 머리가 아닌 가슴으로 시민의 삶을 보듬어야 한다는 것을 그는 스스로 체득했습니다. 화려한 주목을 받는 자리보다 보이지 않는 곳에서 궂은일을 도맡아 하던 그의 진정성을 나는 누구보다 잘 알고 있습니다.

이 책에는 그가 왜 '영종러너'가 되었는지가 잘 나타나 있습니다. 그는 단순히 거리를 달리는 사람이 아닙니다. 영종의 구석구석을 발로 누비고, 주민들의 목소리를 들으며 영종을 배우고 있습니다. 그 안에서 지역의 미래와 대한민국의 희망을 찾는 '현장의 실천가'입니다.

그는 역사학자 E.H. 카의 말을 빌려 "역사는 과거와 현재의 끊임없는 대화"라고 말합니다. 그는 영종의 고난에 찬 과거와 역동적인 현재를 연결해, 대한민국의 미래를 여는 '퍼스트 코리아'의 청사진을 그려내고 있습니다. 특히 이재명 대통령이 강조하는 에너지 전환과 AI 기반의 혁신 성장을 영종이라는 구체적인 현장에 접목하여 항공·정비, MICE 산업의 클러스터를 제안하는 대목은, 그가 단순히 지역을 사랑하는 마음을 넘어 준비된 정책 전문가로서 얼마나 깊이 고민해 왔는지를 잘 보여줍니다.

영종은 대한민국으로 들어오는 첫 관문이자, 무한한 가능성을 품은 기회의 땅입니다. 박광운은 이 책을 통해 영종이 단순히 공항이 있는 섬이 아니라, 사람이 살고 문화가 숨 쉬며 대한민국의 미래를 견인할 '퍼스트 코리아'의 중심임을 역설하고 있습니다. 10년의 공적 훈련을 마친 그가 이제 새로운 고향인 영종을 위해 그 배움을 쏟아붓겠다는 다짐이 참으로 든든합니다.

42.195km 마라톤을 완주하는 끈기로 영종의 구석구석을 누비는 그에게서 나는 우리 정치가 나아가야 할 '현장 중심의 희망'을 봅니다. 영종의 내일을 위해 운동화 끈을 꽉 조여 매는 박광운의 앞날을 응원합니다. 영종 주민들뿐만 아니라 더 나은 지역 공동체를 꿈꾸는 모든 분에게 이 책이 따뜻한 희망의 기록이 되기를 바랍니다.

2026년 1월

이해찬

(민주평화통일자문회의 수석부의장, 제36대 국무총리)

영종, 뿌리를 세우고 미래로 날다

백투더퓨처 — 다시 미래로

중학교 1학년이었던 1987년, 집에 처음으로 VHS 비디오데 크가 생겼다. 처음 빌린 비디오는 당시 최고 흥행작인 〈백 투더퓨처〉였는데, 몇 번을 봐도 질리지 않을 정도로 재밌었 다. 브라운 박사가 마티에게 타임머신 아이디어를 보여주는 장면이 있다. 3개의 선이 하나로 모이는 삼각형 형태의 엔 진인데 각각 과거, 현재, 미래의 에너지를 의미한다. 자세한 설명은 나오지 않지만, 과거, 현재, 미래의 연결성과 상호연 관성을 의미하는 것으로 이해했다.

대학교 사학과에 입학해 1학년 첫 전공필수 과목인 역 사학 개론의 교재는 고전인 E.H. 카의 《역사란 무엇인가》 였다. 이 책의 핵심 주제는 너무도 유명하다. "역사는 과거와 현재와의 끊임없는 대화다." 역사는 과거의 고정된 사실이 아니라, 현재의 우리가 바라보는 관점과 해석에 따라 달라진다는 것이다. 5·18 광주와 제주 4·3이 권위주의 정권 때는 좌익 폭동으로 기록되었다가 민주화 이후 국가 폭력에 의한 희생으로 복권된 것은 역사 해석의 본질을 보여주는 예시이다.

역사 유적 답사 붐을 일으켰던 유홍준 전 문화재청장(현 국립중앙박물관장)은 "사랑하면 알게 되고, 알게 되면 보인다"라고 했다. 내가 딛고 있는 고장, 영종을 이해하려면 영종의 역사를 알아야 한다. 현재의 영종은 과거로부터 이어져 온 시간의 줄기 속 한 부분이기 때문이다. 뿌리와 어머니 줄기의 탄생과 생성 과정을 알수록 오늘의 영종을 이해하는 폭이 풍부해진다.

서해안 최대 신석기 유적지이자 삼국시대 국제무역 항로의 중심지, 인천부보다 상급이었던 영종진, 개항을 촉발한 운요호 사건의 현장, 용유도 3·1운동과 김구 선생의 무의도 방문, 단군 이래 최대 역사 인천공항 건설공사가 펼쳐진 이 땅에는 6,000년 전부터 사람이 살아왔다. 영종은 한민족 역사의 수레바퀴 곳곳에서 중요한 장면을 연출했다. 자, 이 정도만 알아도 내가 살고 있는 이 고장에 관한 생각이 조금 달라지지 않는가? 바다를 메워 만든 작은 신도시로만 알고 있었는데 수천 년의 '역사'가 면면히 이어져 있는 것이다.

과거의 전통을 미래의 가치로 재창조

조지 오웰의 소설 《1984》에서 독재 정권은 과거를 조작하여 정권의 정당성을 확보하고 미래 권력을 유지한다. 정권이 바뀔 때마다 역사교과서 문제가 논쟁거리가 되는 것은 과거 역사에 대한 해석이 현재와 미래에 영향을 미치기 때문이다. 지역의 역사도 마찬가지다. 서울이 대한민국의 수도가 된 것은 조선시대 이래 왕이 기거하며 수백 년 동안 정치·경제의 중심지 역할을 했기 때문이다. 하물며 21세기 헌법재판소가 서울이 수도라는 것이 경국대전에 있는 관습헌법이라고 규정하지 않았나.

영종의 미래를 개척하기 위해서는 과거 역사를 발굴하고 이를 적극적으로 해석하여 미래가치로 재창조할 필요가 있다. 인천국제공항은 하늘에서 뚝 떨어진 것이 아니라, 군사적 요충지, 국제무역 항로, 서울과의 접근성 등 역사적으로 검증된 우수한 입지 때문에 선정된 것이다. 이러한 지리적 이점과 인천공항이라는 게이트웨이는 세계로 뻗어가는 한류의 교두보로서 영종의 발전 가능성을 높인다. 문화·정신적 측면에서도 영종은 일본 제국주의 침략에 맞서 싸운

호국정신과 독립정신이 서려 있는 곳이다. 역사를 정립하면 현재의 의미는 더욱 풍부해지고 미래 가능성은 한층 넓어진다. 백투더퓨처!

연결성, 리더십, 정체성의 위기

영종의 현재는 어떠한가? 영종은 2003년 송도, 청라와 함께 경제자유구역으로 지정되어 '국제도시'라는 명칭을 쓰고 있다. 그러나 영종이 다른 도시들과 비교해 국제도시의 위상을 제대로 갖추고 있는지 의문이다. 영종은 섬이라는 지리적 한계를 극복해야 함에도 20년이 지나도록 온전하게 내륙과의 연계성을 갖추지 못하고 있다. 통행료 없이는 갈 수 없는 도시이며, 인천이지만 대중교통으로 인천 내륙을 오가기가 매우 불편하다. 이러한 연결성의 위기는 인천과의 통합을 방해하고, 영종의 잠재성장력을 갉아먹고 있다.

영종을 이끌어갈 리더십이 잘 보이지 않는다. 영종에는 인천국제공항공사와 도시 인프라와 택지를 공급하는 LH, 외자 유치와 국제도시 기반을 구축하는 인천경제자유구역청, 그리고 인천시와 중구청이라는 이해관계자가 있다. 공항공사와 인천경자청은 공항구역 개발을 두고 잦은 갈등을 빚고, LH는 택지 판매 수익 창출에만 혈안이 돼 있다. 인천시는 장밋빛 개발계획을 남발하며 희망고문을 하고 있고, 중구청은 가장 직접적인 당사자이면서도 영종의 미래 청사진을 제시하지 못한다. 사공 많은 영종호는 주인 없는 배나 마찬가지다.

인천공항 개항 당시 2만 명이 채 안 되었던 인구는 25년 만에 14만 명을 향해 가고 있다. 영종은 이주민의 도시다. 이주민 비율이 95%로 인천에서 가장 젊은 도시이며 가장 아이들이 많고, 가장 역동적인 곳이다. 반면에 아직 도시의 정체성이 확립되지 않아 주민들 간의 응집력이 약하다. 정체성이 약하면, 공동체가 취약해지고 도시문화의 힘도 약해진다. 문화의 힘이 없는 도시는 껍데기만 있는 도시나 마찬가지다.

신대륙 아메리카의 맨해튼섬은 영국, 아일랜드, 이탈리아, 프랑스 등 다양한 국가, 인종, 계층의 사람들이 모여들어 구질서가 아닌 새로운 질서를 만들어냈고, 결국 위대한 나라 미국이 탄생했다. 영종 또한 지금은 다양성 때문에 결집력이 떨어지고 불안정하지만, 이러한 다양성은 기존보다 더 나은 문화와 정체성을 만들어낼 가능성이 높다.

영종은 네덜란드의 스키폴공항이나 싱가포르의 창이공항처럼 공항복합도시의 형태로 발전해 나가야 한다. 인천공항의 미래투자계획과 한국의 국제 경쟁력을 고려할 때 잠재력은 충분하다. 이는 단지 영종 발전을 위해서가 아니라 대한민국의 관문이자 아시아 허브 공항인 인천공항의 위상을 더욱 높이기 위해서이다. 인천공항 상주인구는 약 9만 명에 달한다. 이 중 절반만 영종에 거주해도 가족을 포함하면 10만 명이 넘는다. 초대형 리조트 두 곳과 반도체 후공정사업체, 2027년에 완공될 대한항공 신엔진정비공장 등 MRO 단지를 감안하면, 현행 계획인구 18만 명으로는 태부족이다. 2040년 30만 명을 계획인구로 하여 공항을 비롯한 사업장 종사자와 가족들이 직주근접으로 여유로운 삶을 누릴 수 있는 도시로 만들어야 한다.

K-컬처의 위상을 대한민국 관문인 영종에서 체감할 수 있도록 외국인 대상 관광 인프라도 구축해야 한다. 연간 인천공항 환승관광객은 100만 명에 육박하지만 대부분 서울 관광상품을 이용한다. 관광객의 20%만 영종 관광상품을 선택해 머문다면 그 지역경제 효과는 상당할 것이다. 인천과 공동 발전할 수 있도록 내륙과의 연결망을 촘촘히 하고, 영

종도 어디에서든 대중교통으로 30분대에 갈 수 있도록 해야 한다. AI와 재생에너지 전환을 모범적으로 실현하고, 탄소중립을 추진해 국제도시로서 경쟁력을 강화해야 한다.

세상은 저절로 좋아지지 않는다

50년을 살면서 터득한 지혜가 있다면 "사필귀정"과 "공짜점심은 없다"이다. 아무리 부조리하고 어지러운 세상일도 언젠가는 올바른 자리로 돌아간다는 것이다. 그러나 그 과정이 저절로 이루어지는 법은 없다. 광주 민중을 학살한 전두환 일당은 시민들의 희생과 투쟁 끝에 감옥에 갔고, 정의로운 시민들의 저항이 없었다면 독재를 꿈꿨던 윤석열의 내란을 끝내지 못했을 것이다. 안전과 행복을 바라는 인간의 의지와 행동 없이는 세상을 변화시킬 수 없다.

내가 만난 영종의 주민들은 정이 많고 순박하다. 주민 대부분은 이주민들로 새로 정착한 터전에서 꿈과 희망을 일구며 살아가고 있다. 내 자신은 물론 아이에게 더 나은 터전, 고향을 물려주고 싶다. 백운산과 바다, 갯벌이 살아 숨쉬는 영종은 충분히 그럴 만한 가치가 있는 땅이다.

그러나 영종의 발전과 주민의 삶은 화려한 인천공항의 성장과는 달리 소외되고 방치되어 왔다. 인천국제공항 건설에 따른 토지보상 문제부터 미사일기지 이전, 연륙교 통행료, 광역소각장 건립 갈등까지 주민 마음 편히 진행된 사안이 없었다. 영종 주민들은 침묵하지도 물러서지도 않고 투쟁하며, 삶의 터전과 공동체를 지켜왔다.

미국의 경제학자 찰스 티부는 "주민은 발로 투표한다"라고 했다. 자치단체의 행정서비스 수준이 뒤처져 생활이 불편해지면 다른 지역으로 떠난다는 의미다. 영종에 아무리 좋은 일자리가 생겨도 주거나 교육, 문화환경이 뒷받침되지 않으면 인근 지역으로 유출되는 것을 막을 수 없다. 인근에 있는 서구나 연수구에 뒤처진다면 주민은 결국 발로 투표하게 될 것이다.

늦었지만 영종구가 곧 출범하여 영종만의 비전과 목표를 세우고 추진할 기회가 오고 있다. 영종 주민이 진정한 주인 노릇을 제대로 할 수 있도록 정치와 행정이 제 역할을 해야 한다. 그 첫걸음이 바로 초대 영종구청과 영종구의회 출범이다. 새로운 리더십은 주민과 더 많이 소통하고, 더 많이 공부하고, 더 많이 일해야 한다. 잠자고 있는 영종의 잠재력을 깨워 날개를 달아주어야 한다.

2026년 새해, 긴마루 영종에서
박광운

차례

1장

역사와의 대화로 풀어보는
영종도 이야기

1

자줏빛 제비의 고향

고대의 핫플레이스 영종

영종도는 오늘날 인천국제공항이라는 첨단 문명의 상징으로 인식되지만, 그 역사의 심층에는 수천 년 전부터 이 땅을 밟아온 인간의 발자국이 깊이 새겨져 있다. 영종도 일대는 6,000년 전인 신석기시대부터 서해안의 '핫플레이스'였다.

2003년 인천공항공사 물류단지를 조성하면서 발굴된 삼목도 신석기 유적지는 서해안 지역에서 확인된 최대 규모로 선사시대 연구에 중요한 자료를 제공하고 있다. 이 유적지는 2006년 인천광역시 기념물 제55호로 지정되었다. 현재 그 역사적 가치를 기려 교육과 체험의 공간인 '선사 유적 배움터'로 조성되어 영종도의 뿌리 깊은 역사를 현대인들에게 전하고 있다. 이 외에도 운서동, 중산동 등지에서 청동기시대의 고인돌과 무문토기 등이 출토되어 영종도가 선사시대부터 해양 문명의 중요한 거점이었음을 시사한다.

영종역사관에서 처음 자료를 접했을 때, 내가 살고 있는 곳이 한반도의 조상이 많이 살았던 곳이었다는 것에 놀랐다. "세상 어느 것 하나 저절로 생겨나는 법이 없구나." 영종이 다르게 보였다. 실제 유적지를 가보고 싶었다. 지도 검색을 해보니 쉽게 찾을 수 있는 지역이 아니었다. 지금은 매립으로 연결되어 없어졌지만, 한때는 섬이었던 삼목도 선사유적지는 공항물류단지 구역 스테츠칩팩 공장 옆에 있다. 자동차로는 운서역에서 10분 거리이고, 대중교통은 하늘문화센터입구 버스정류장에 내려 5분 정도 걸어가면 된다.

확인된 신석기 주거지는 총 17기로 기존 서해안 지역의 유적이 주로 패총(조개무지) 중심이거나 단기 점유 흔적이었던 것과 달리, 이곳은 정착 생활을 했던 신석기 마을 유적의 성격을 띠고 있는 것이 특징이다. 이곳에서 신석기시대의 수혈주거지(움집터) 17기, 수혈(구덩이) 1기, 적석유구(돌을 쌓은 시설) 1기 등이 확인되었고, 빗살무늬토기를 비롯하여 토기류와 갈돌류, 석촉 같은 석기류가 확인되었다.

유적지 진입로와 주차장은 비포장길이고, 주차장이며 유적지 입구에 기념관은 물론이고 안내소조차 없어 삭막했

삼목도 선사 유적지

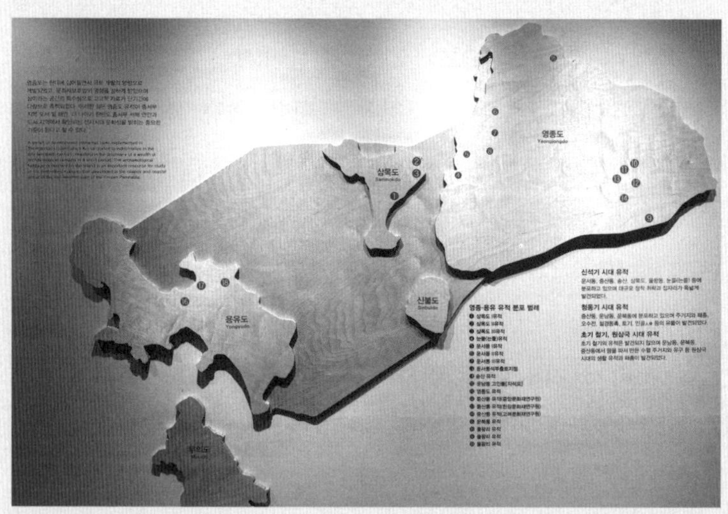

영종도 삼목도, 운서동, 운남동, 중산동, 송산 등지에 신석기부터 청동기,
초기 철시시대에 이르는 유물이 산재되어 있다. (출처: 영종역사관)

다. 입구를 통해 올라가니 방갈로 같은 것이 세 채 보인다. 마을 집터가 보존되어 있고 건조물 앞에 설명 게시판이 놓여 있다. 그런데 게시판 절반 이상이 사진이 없어지고 훼손되어 있었다. 일상적이고 전문적인 관리가 잘 안 되고 있다는 느낌을 받았다. 만약 학생이나 탐방객을 데리고 갔다면 다소 당황스럽고 부끄러웠을 것이다.

유적지 면적은 축구장 두 개 정도의 크기로 보였다. 남쪽으로는 스테츠칩팩 공장 등 사업체가 들어서 삭막했지만 북쪽으로는 조그만 숲이 조성돼 있어 아늑했다. 삼목도 선사 유적지는 인천공항공사 건설 부지에 포함돼 있기 때문에 공항공사가 소유하고 관리와 유지보수를 맡고 있다. 인천 중구는 기념물 관리를 위한 행정적 업무를 수행한다. 나름 영종도에서 중요한 역사 유적지인데 관리상태나, 교육 관광지로서 활용도가 많이 떨어지는 것 같아 아쉬웠다. 연천 전곡리 선사 유적지나 서울 강동구 암사동 선사 유적지와 비교해보면 유적 관리와 교육·관람시설 면에서 하늘과 땅 차이다.

다행히 2025년 4월에 인천 중구와 인천공항공사가 삼목도 선사 유적 공원의 이용 활성화와 지역교육문화 중심지로 육성하기 위한 업무협약을 체결하고, 11월 13일 인천공항공사 사장과 중구청장이 참석한 가운데 기공식 행사를 가졌다. 교육편의시설 1개 동(배움터)을 조성하여 30명을 수용할 수 있는 교육공간과 문화해설사 대기공간, 화장실을 운영한다.

삼국시대 국제무역 경유지: 세계로 가는 길마루

삼국시대와 고려시대에 이르러 영종도는 지정학적 중요성이 더욱 부각되었다. 서해를 건너 중국과 교류하는 데 필수적인 중간 기착지이자, 한반도 남부와 북부를 잇는 해상 교통로의 중심이었다. 백제와 고구려, 신라는 영토를 확장하며 이 해역의 제해권을 차지하고자 치열하게 경쟁했으며, 영종도는 이 과정에서 훌륭한 항구와 해상 요충지로서 역할을 했다.

특히 고려시대에는 국제무역항인 예성강 벽란도와 중국 송나라의 명주(닝보)를 잇는 뱃길의 경유지로서 번성했다. 영종도는 중국 사신이나 상인들이 잠시 머물며 휴식을 취하고 다음 항해를 준비하는 '해상도시'의 관문 역할을 했다. 이러한 지정학적 역할 덕분에 영종도는 외부 문물을 가장 먼저 접하고, 다양한 문화가 융합되는 '세계로 가는 길마루', 즉 국제적인 플랫폼으로서의 독자성을 확립했다. 영종

역사관에는 영종도에서 출토된 오수전(五銖錢)이 전시되어 있는데, 오수전은 삼국시대 중국과의 국제무역에서 사용되었던 중국의 금속화폐였다.

영종도의 국제적 위상은 고려 인종 때 송나라 사신 서긍(徐兢)이 저술한 《고려도경(高麗圖經)》에 기록된 경원정(慶源亭)의 존재를 통해 구체적으로 확인된다. 경원정은 송나라 사신들이 고려를 방문할 때 묵었던 공식 객사(客舍)로, 오늘날 구읍뱃터 인근에 위치했던 것으로 추정된다. 《인천일보》가 2022년에 기획한 新고려도경 "영종도의 경원정과 제물사는 어디에 있었나"에서 허우범 인하대 교수는 경원정의 위치를 중산동 박석공원 남측으로 추정하고 있다.

> 이날 신시 정각에 배가 자연도에 정박하였는데 이곳은 광주(廣州)의 경내다. 산에 의지하여 관사를 지어 놓았는데, 현판을 경원정이라 하였다. 경원정(慶源亭) 곁에 막사 수십 칸이 있으며 주민들의 초가집도 많다. 그 산의 동쪽에 있는 한 섬에 제비가 많이 날아다니기 때문에 자연도(紫燕島)라 명명한 것이다.
>
> ― 서긍, 《고려도경》 자연도

서긍은 경원정 맞은편 섬에 제비가 많이 날아다니는 모습

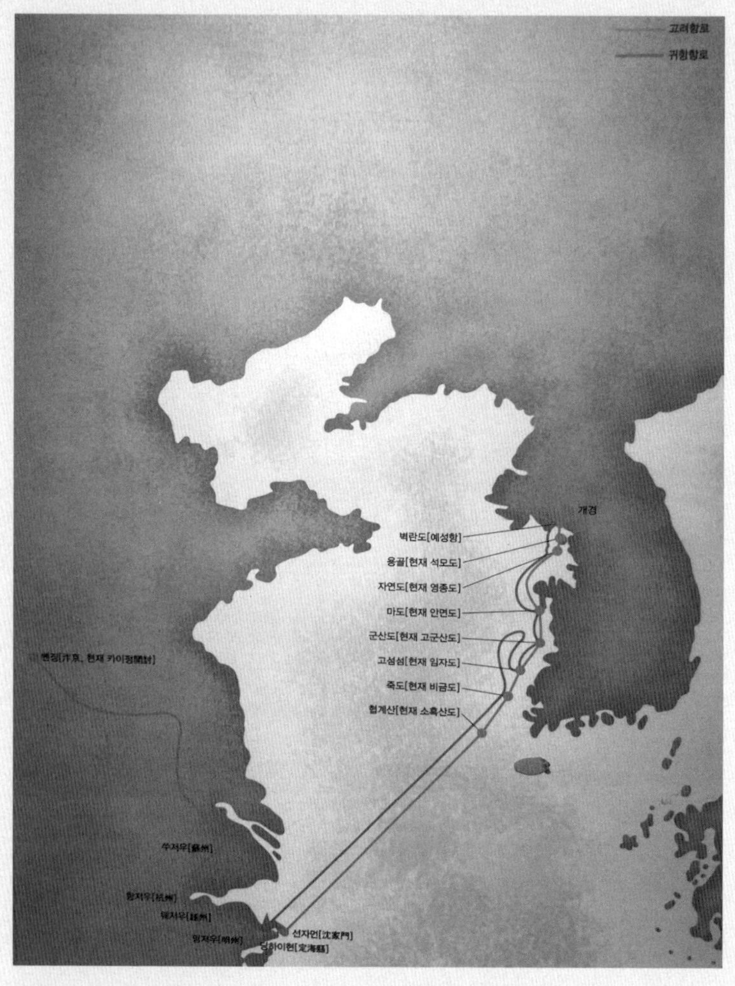

고려시대 중국과의 무역로. 송나라 사신 서긍이 다녀간 길이기도 하다. (출처: 영종역사관)

을 보고 영종도의 옛 이름 중 하나인 자연도(紫燕島, 자줏빛 제비가 많은 섬)라는 이름을 붙였다고 전해진다. 경원정의 존재는 영종도가 단순한 섬이 아니라, 수도 개경으로 향하는 관문이자 고려의 수준 높은 문화와 외교력을 대외적으로 보여주는 상징적인 장소였음을 의미한다. 영종도 개발 초기, 경원정을 복원하려는 지역사회의 노력이 있었지만 개발 붐에 밀려나 현재까지 자취를 찾을 길이 없다.

고대 문화유산의 가치와 보존, 영종 소프트파워

고대 영종도는 풍부한 물산과 온화한 기후라는 천혜의 조건을 갖춘 곳이었다. 넓게 펼쳐진 갯벌은 어패류와 해산물을 제공하는 '황금어장'이었고, 섬을 둘러싼 해역은 외부와의 교류를 가능하게 하는 생명줄이었다. 이러한 지리적·경제적 풍요로움은 곧 인구의 유입과 문화의 발전을 이끌었다.

현재 영종도의 고대 유적들은 단순한 역사적 잔존물을 넘어선다. 삼목도 선사 유적과 경원정의 역사적 의미는 영종도가 인천국제공항 건설로 탄생한 인공적인 공간이 아니라, 수천 년의 역사를 품은 유구한 땅임을 증명하는 핵심 문화유산이다. 이 유산들의 가치를 발굴하고 보존하는 것은 영종도의 독창적인 정체성을 확립하고, 첨단도시로서의 미래를 지탱할 정신적 기반을 마련하는 중요한 현재적 의미를 갖는다.

2007년도에 영종문화회라는 단체는 "영종은 해상교통 요충지 길목에 위치한 까닭에 예전부터 활발한 해상교역 전진기지였으며, 이런 역사가 지금의 인천국제공항으로 이어지고 있다"고 역사·지리적 의미를 밝혔다. 인천시와 한국토지주택공사, 인천경제자유구역청에 "이 같은 역사를 재현하면 영종도가 동북아 허브기지로 자리매김하는 데 도움이 될 것"이라며 경원정과 영종진 복원을 건의했지만 경원정은 조사도 하지 못했다. 영종진 공원은 태평루과 토성을 일부 복원하였지만 원래 위치와 다른 곳에 조성되어 미완에 그쳤다.

참으로 안타깝다. 다른 지자체들은 역사나 드라마에 나오는 유적이나 인물이 조금만 관련이 있어도 역사관광자원으로 투자하기 바쁜데 영종은 있는 유적도 제대로 활용하지 못한다. 이것은 개발지상주의와 경제성에 사로잡힌 근시안적 사고이다. 요즘 유행하는 말로 "과거가 현재를 살릴 수 있다." 역사 콘텐츠를 개발하면 지역 스토리텔링과 연계한 관광 상품은 물론이고 지역의 아이들과 청소년들에게 유용한 교육자료가 된다. 자기가 살고 있는 지역에 대한 지식과 이해도가 높아지면 애착이 생기고 애향심이 발달한다.

경원정 복원 상상도(출처: 인천일보TV)

도시의 힘을 구성하는 소프트파워는 지역민의 애향심이 큰
역할을 한다. 관(官)과 공무원만으로는 해결하기 어렵다. 민·
관·학 거버넌스 체계를 만들고, 전문추진기구를 통해 풀어
가야 한다.

2

삼남에서 한양으로 가는 길목

강화를 지키는 군사 요충지

조선시대 영종도는 해양 방위 체계의 핵심이자 경제와 문화가 교차하던 길목이었다. 특히 한양(서울)으로 향하는 서해 뱃길을 지키는 요충지로서 삼남(충청, 전라, 경상) 지방에서 올라오는 세곡선과 상선이 반드시 거쳐 가야 하는 지정학적 관문이었다.

영종진은 본래 지금의 화성시 남양읍에 있었던 남양도호부의 소속이었는데, 병자호란 이후 영종도(당시 자연도)로 이전했다. 조선 효종 4년(1653년)에 영종진(永宗鎭)이 설치된 이후, 영종도는 본격적으로 군사적 역할을 수행하기 시작했다. 영종진은 강화도의 남쪽을 방어하는 최전선이었으며, 서해를 통해 한양으로 침투하려는 외세의 위협을 막는 중요한 목진(目鎭) 역할을 했다. 1681년(숙종8년) 영종진의 책임자가 종3품 첨절제사로 승격되고, 1690년 종2품 방어사로 다시 높아졌다. 1758년(영조35년) 어영청 소속의 독립된 진(독진: 獨鎭)으로 설정될 정도로 그 중요성을 인정받았다. 19세기 말 운요호 사건으로 무너지기까지 약 200년간 서해안 방위의 핵심 거점으로 기능했다.

영종진은 월미도와 제물포를 마주하며 강화만 입구를 지키는 전략적 위치에 있었다. 이는 군사적 방어를 넘어, 해상 무역과 물류를 통제하는 행정적 역할까지 겸했다는 의미이다. 영종진의 성벽과 누각은 비록 세월의 풍파와 외세의 침략으로 훼손되었지만, 오늘날 복원된 모습은 당시 영종도가 가졌던 굳건한 국방 의지를 상징적으로 보여준다.

소금 연기와 말 울음소리 가득한 곳

영종도의 지리적 특징은 군사적 기능 외에도 경제적 자원으로 활용되었다. 조선시대 영종도는 국가에서 운영하는 목장(牧場)으로 지정되어 군마(軍馬)를 기르던 주요 생산지였다. 고려시대 몽고의 침입 이후 군마의 중요성을 깨달았으리라. 드넓은 초지와 온화한 기후는 말을 기르기에 적합했으며, 섬 곳곳에서 말의 울음소리가 끊이지 않았다. 허목의 《목장지도》(1663년)에 따르면 자연도는 한양에서 가장 가까운 국영 말 목장으로 자연도에 358필, 용유도에 59필, 무의도에 92필 등 모두 509마리의 말을 방목했다고 한다.

또한 영종도는 근대에 이르기까지 염전(鹽田) 산업이 발달한 곳이었다. 섬 주변의 광활한 갯벌과 큰 조수간만의 차는 천일염 생산에 천혜의 조건을 제공했다. 20세기 중반까지도 금홍염전, 홍대염전 등 대규모 염전이 운영되어 수많은 주민이 '염부(鹽夫)'로 생계를 유지했으며, 염전에서 피어오르던 하얀 소금 연기는 영종도의 대표적인 풍경 중 하나였다. '소금 연기'와 '말 울음소리'는 영종도가 단순한 군사 요새를 넘어, 국가의 경제와 국방을 떠받치던 중요한 생산의 터전이었음을 상징한다.

태평루와 풍류시인

현재 영종진 성곽 위에 자리한 태평루(太平樓)는 영종도의 역사와 낭만을 동시에 품은 상징적인 건축물이다. 태평루는 본래 고종도(高宗島)라는 섬에 있던 태평암이라는 큰 바위 부근에 세워져 있었는데, 훗날 복원하지 않고 덮어버렸다고 한다. 이름 그대로 '큰 평화'를 기원하는 의미를 담고 있는

영종진 공원에 복원된 태평루 모습. 원래 위치는 현재 영종관광어시장이 있는 자리로 추정된다.

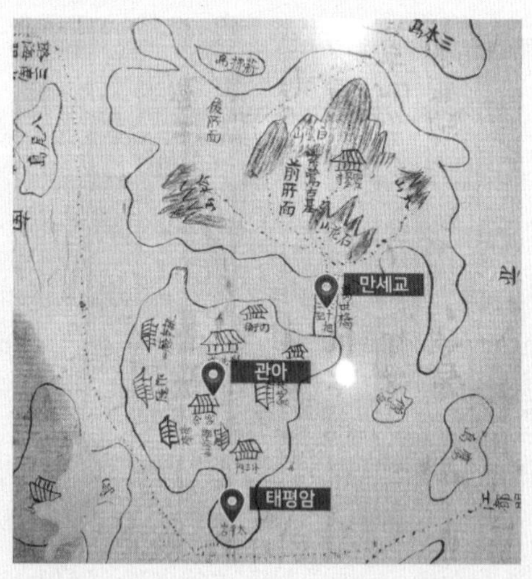

경기지 영종진 헌종9년(1842년), 영종진과 자연도가 만세교로 연결돼 있다. (출처: 영종역사관)

태평루에 올라서면, 그 의미와는 역설적으로 외세의 침략이 잦았던 격동의 서해 바다가 시원하게 내려다보인다.

태평루는 망루이자 군사 시설이었지만, 평시에는 영종진의 관리들과 문인들이 올라와 서해의 낙조를 감상하며 시를 짓고 세상의 안녕을 기원하던 문화 공간이기도 했다. 1696년 인천부사를 지낸 이희조는 동생 이하조, 내종 이해조와 함께 영종도를 두루 유람하며 시를 남겼다. 이희조 일행이 떠나간 뒤로 찾는 이가 없어 태평루도 쇠퇴하였다가 경기감사 이시원이 18세기 말엽에 중수하였다.

태평루에서 저녁까지 번뇌를 씻다가
다시 백운암을 향한 오솔길을 찾노라.
외로운 섬은 드넓은 바다를 양치질하듯 삼키고
온 산은 깊은 절문을 빙 둘러 에워싸고 있구나.
돛대의 바람은 저녁구름 속의 느티나무 그림자를 당기는데
신기루 일으키는 안개는 가을날 구름 낀 섬그늘에 엉기네.
옛일을 생각하고 지금을 즐기니 이 모두 환상이라
관아에서 가져온 술동이를 기울이는 형제의 마음.
— 이해조(1660~1771), 《명암집》

영종의 독자적 위상과 역사적 중요성

영종도는 오랫동안 강화도의 방어 시스템에 편입되거나 인천항의 배후지로 인식되어 왔다. 그러나 군마 생산, 소금 생산, 국제 교통의 요충지로서 수행해온 독자적인 역할을 살펴보면, 영종도는 그 자체로 하나의 독립적인 역사적 주체였음을 알 수 있다. 단적인 예가 바로 영종진의 책임자가 종2품인 방어사였다는 점이다. 당시 인천부사가 종3품이었으니 서열상 영종진이 인천부(仁川府)보다 높을 정도로 중요했다는 걸 보여준다. 영종역사관 앞 공원에는 그동안 영종진을 책임졌던 방어사에 대한 공덕비가 전시되어 있다.

영종도는 삼국시대부터 조선시대까지 강화도와 구별되는 군사적 독립성, 인천 육지와 구별되는 섬으로서의 자생적 경제 구조, 그리고 서해 해양 문명의 국제적 관문이라는 역사적 배경을 축적해 왔다. 이러한 역사는 오늘날 영종도가 글로벌 공항복합도시로서 인천의 새로운 중심이 되는 밑바탕이 되었다. 영종도는 과거에도 현재에도 스스로의 역량으로 외부와 소통하며 성장하는 독자적인 공간이다. 현재적 의미에서 영종진과 태평루, 경원정, 만세교 등의 온전한 복원은 단순한 유적 복원을 넘어, 영종도가 가진 '독자성(獨自性)'을 강조하는 작업이 될 것이다.

3

개항과 독립의 기상이 서린 근대사의 기록

운요호 사건, 개항의 현장

영종도는 조선 말기, 근대 문명의 충돌과 독립을 향한 민족의 기상이 가장 치열하게 맞부딪쳤던 현장 중 하나이다. 이곳에서 벌어진 일련의 사건들은 곧 조선의 운명과 독립운동의 발자취로 이어졌다.

영종진은 1875년(고종 12년) 운요호 사건(雲揚號事件)의 현장이 되었다. 일본 군함 운요호가 강화도와 영종진 사이를 불법적으로 무단 침입하며 도발했고, 영종도에 상륙한 일본군에게 조선군이 대응사격을 하자, 운요호는 영종진에 함포사격을 가하였다. 조총과 구식 대포로 무장했던 영종진 수병들은 근대식 대포를 갖춘 일본군에 맞섰으나, 결국 진

운요호 사건 150주년 기념 전몰영령 추모제(2025.10.12. 영종진공원 태평루)

운요호 사건으로 순직한 35분을 추모하는 기념비, 추모비에 대한 설명 안내문이 없어 아쉽다.

이 함락되고 수병 35명이 전사했다.

이 사건은 일본이 이듬해 강제로 체결한 강화도 조약(조일수호조규)의 빌미가 되었고, 조선의 개항을 알리는 비극의 서막이 되었다. 영종진은 외세 침략에 맞서 싸우다 무너진 국권 수호의 상징적 장소로 남아 있다. 오늘날 영종진 공원에는 당시 전사한 수병 35명의 넋을 기리는 영종진 전몰영령 추모비가 세워져, 나라를 지키려 했던 희생자들의 애국심과 희생을 되새기게 한다. 이 추모비는 영종도가 단순한 군사 기지가 아닌, 근대사의 격변 속에서 피 흘린 역사의 현장이었음을 웅변한다. 매년 10월 영종진 공원에서는 운요호 사건으로 순국한 전몰영령을 기리는 추모제가 열린다.

용유 3·1만세운동과 백범과의 만남

영종도 일대 주민들의 나라를 지키려는 의지는 일제강점기에도 꺼지지 않았다. 영종도와 연접한 용유도(龍游島)에서는 1919년 3월 28일, 거족적인 3·1만세운동이 일어났다. 이를 용유 3·28만세운동이라고 부른다. 이는 도시 지역의 만세운동 소식이 닿기 어려운 섬 지역에서 자발적으로 일어난 항일 의거였다는 점에서 더욱 큰 의미가 있다.

조명원, 조종서, 문무현 등 용유도 주민들은 혈성단(血

誠團)을 조직하고, 일제에 의해 토지를 빼앗긴 주민들의 불만을 바탕으로 태극기를 들고 독립 만세를 외치며 시위 행진을 벌였다. 당시 일제의 감시가 심한 상황에서도 주민 150여 명이 참여했다는 기록은 이 지역에 뿌리내린 독립 의지가 얼마나 강했는지 보여준다. 이들은 일제의 무자비한 탄압에도 굴하지 않고 독립운동을 지원했으며, 그 공훈을 기리는 용유 3·1독립만세 기념비가 용유도에 세워져 오늘날까지 그 정신을 계승하고 있다.

3·1만세운동으로 많은 용유, 무의 주민들이 투옥되었지만 독립을 향한 열정은 식지 않았다. 주민들은 고기잡이로 모은 돈을 십시일반 모아 상해 임시정부에 독립자금으로 보냈다. 해방 이듬해인 1946년 11월, 김구 선생은 서해안 경비선을 타고 무의도를 방문하여 무의초등학교(지금은 폐교된 용유초등학교 무의분교)에서 강연회를 열어 주민들과 만났다. 백범은 어려운 시절 독립자금을 보내준 용유 주민들에게 감사의 뜻을 표하고, 혼란한 정국 속에서도 자주독립과 통일정부 수립에 대한 확고한 의지를 천명했다.

김구 선생은 청년 시절 두 차례에 걸쳐 인천 감리서에 투옥되었고, 그 과정에서 인천 사람들의 도움을 받아 탈옥하고 생계를 유지할 수 있었다. 무의도 방문은 인천 지역과의 깊은 인연을 확인하고, 통일 국가 건설을 위한 민족의 역

용유초등학교 무의분교. 1935년 개교하여 2023년 폐교되었다. (출처: 인천시교육청 홈페이지)

용유 3·1독립만세기념비. 보훈 유적에 대한 많은 관심과 관리가 필요하다.

량을 결집하려는 그의 굳건한 의지를 보여주는 역사적 행
보였다.

영종 근대사에서 배우는 독립정신과 애국심

영종도의 근대사는 외세의 침략에 맞서 나라를 지키려 했던
애국심과 국권을 회복하고 자주독립을 쟁취하려 했던 민족
의 독립정신이 살아 숨 쉬는 기록이다. 운요호 사건의 전몰
용사를 추모하는 것은 국가 안보의 중요성을, 김구 선생의
발자취와 용유 3·1만세운동은 민족 자존의 가치를 일깨운다.
　　현재 인천국제공항이 들어선 영종도는 세계를 잇는 중
심지이지만, 그 기반은 나라와 민족을 지키려 했던 영령들
의 희생 위에 세워졌다. 이러한 역사적 장소와 기록을 보전
하는 것은 영종도가 단순한 경제 도시를 넘어, 한국 근대사
의 아픔과 영광을 기억하고 미래 세대에게 물려줄 문화유
산 보전의 책무를 다하고 있음을 의미한다.

4

평화로운 어촌마을에서 글로벌 공항도시로

황금어장 영종, 실향민을 보듬다

한국전쟁 이후 영종도는 오랜 기간 평화로운 어촌마을로 남아 있었다. 하지만 1990년대 이후 인천국제공항 건설 프로젝트가 시작되면서 영종도는 급격한 변화를 맞이하며 글로벌 공항도시로의 '개벽(開闢)'을 경험했다.

영종도와 용유도 일대는 풍부한 갯벌과 어족 자원을 가진 서해안의 대표적인 황금어장이었다. 이곳은 전쟁으로 인해 고향을 잃고 남으로 내려온 수많은 실향민(失鄕民)과 피난민들이 정착한 삶의 터전이기도 했다. 특히 황해도 등 이북 지역 출신의 실향민들은 용유도 입구지 마을 등지에 모여 공동체를 형성하고, 바닷일이나 염전 일에 종사하며 고단한 삶을 개척해나갔다. 1950년대 정부의 '정착농원' 정책은 이들이 새로운 보금자리를 마련하는 데 밑거름이 되었다.

영종도의 갯벌과 바다는 실향민들에게 새로운 생계를 열어주었으며, 이들은 천일염 생산과 어업을 통해 전후 한국 사회의 재건에 기여했다. 영종도는 이렇듯 실향민들의 아픔과 재기에 대한 강한 의지를 함께 품어온 상징적인 공간이었다. 평화로운 어촌마을의 모습은 곧 한국 근대사의 고난과 민족의 정착 역사를 반영하는 소중한 기록이다.

한편 영종도 인근의 섬들은 냉전 시대의 어두운 역사를 간직하고 있기도 하다. 영종도와 연륙교로 연결된 무의도에서 썰물 때 걸어갈 수 있는 작은 무인도 실미도(實尾島)는 1968년 '684부대'라는 이름의 북파공작원들이 극비리에 훈련을 받았던 장소이다.

1971년에 발생한 실미도 사건은 이 부대원들이 열악한 처우와 불안한 신분에 반발하여 탈출과 무장 봉기를 감행하고, 서울로 진입하다가 자폭에 이른 비극적인 사건이다. 실미도는 지리적으로 영종도와 매우 가까워, 이 사건은 영종도 일대에 큰 충격과 불안을 안겨주었다. 실미도 사건은 냉전 시대 남북 대결 구도 아래에서 국가 폭력의 희생양이 된 개인들의 비극을 상징하며, 평화로운 어촌마을의 뒤편에 가려졌던 한국 현대사의 아픈 단면을 보여준다.

개벽, 인천공항 건설 결정부터 완공까지

1980년대 후반부터 논의되기 시작한 인천국제공항 건설은 영종도의 역사를 완전히 뒤바꾼 '개벽(開闢)'의 사건이었다. 1992년 인천국제공항 건설 기본 계획이 확정되면서, 영종도는 주변의 용유도, 삼목도, 신불도 등 주변의 작은 섬들과 광활한 갯벌을 매립해 하나의 거대한 인공 섬으로 재탄생하게 된다.

이 대역사는 전 세계적으로도 유례를 찾아보기 힘든 초대형 국책 사업이었다. 영종도, 용유도, 삼목도, 신불도를 잇는 방조제를 건설하고 바다와 갯벌을 매립하였다. 매립 면적은 약 1,700만 평으로 여의도의 18배 규모였다. 용유도에 있는 을왕산과 오성산을 파내어 매립 토사로 사용했다. 처음에는 백운산을 깎으려고 했었는데 마을 주민들이 지역의 영산에 손을 대면 안 된다고 반대하여 무산됐다고 한다.

활주로와 여객터미널 건설에 이르기까지 7조 8,000억 원이 투입된 9년간의 대역사를 거쳐, 2001년 3월 29일 인천국제공항이 마침내 문을 열었다. 영종도는 이로써 평범한 어촌마을에서 대한민국을 넘어 동북아시아를 대표하는 글

인천공항 건설 공사 매립 이전 모습(1978년 지도) (출처: 영종역사관)

초대 인천공항공사 강동석 사장. 인천공항 홍보전망대를 '인천공항
강동석관'으로 명명하여 재개관했다. (2025.9.24.)
(출처: 인천국제공항공사 홈페이지)

로벌 관문 도시로 자리매김하게 되었다. 공항 건설은 영종도의 지형을 바꾸었을 뿐만 아니라, 대한민국의 경제구조와 국제적 위상을 근본적으로 변화시키는 동력이 되었다.

이 대역사를 진두지휘한 인물이 강동석 장관이다. 건설교통부 관료 출신인 그는 1994년 공항건설공단 이사장직을 시작으로 초대 인천국제공항공사 이사장으로 재임하며 인천공항을 만들고 기틀을 닦은 영웅이었다. 2003년 노무현 정부의 초대 건설교통부 장관을 지냈고, 2013년 여수엑스포조직위원장을 끝으로 공직생활을 마쳤다. 강 장관은 8년 동안 공들여 낳은 자식 같은 인천공항을 곁에서 볼 수 있는 영종에 살고 있다. 얼마 전에는 인천공항 홍보전망대를 '강동석관'으로 새단장하여 개관하였다고 한다. 늦었지만 참으로 의미 있는 일이다. 강동석 장관의 공적은 인천공항에 국한되지 않는다. 영종도 주민들 또한 그의 노고에 감사하며 그 공덕을 기려야 한다고 생각한다. 더 늦기 전에 존경의 마음을 전하고 싶다.

공항 명칭을 둘러싼 작지만 의미 있는 이야기가 있다. 1992년 영종도 신공항 건설이 착공되고 곧바로 공항 명칭 논의가 시작되었다. 우여곡절 끝에 1995년 수도권신공항건설공단은 '영종국제공항'으로 명칭을 정했다. 그러나 인천시민들이 공항 명칭에 '인천'이 들어가지 않는 것은 시민의 자존심이 용납하지 못한다며 반대했다. 공항 건설 저지 운동까지 펼치겠다고 시민운동을 벌인 끝에 1996년 지금의 '인천국제공항'으로 확정되었다. 인천국제공항은 명실공히 인천의 자랑이다. 그러나 공항복합도시 영종은 통행료, 제3유보지 활용, 미단시티 개발 등 현안 문제로 하루도 평안한 날이 없다. 이 거대한 자산이 지속 가능한 자랑으로 남기 위해서는, 인천시의 관심과 투자가 더욱 필요하다.

풀어야 할 과제, 통행료와 교통 기본권

영종도는 황금어장이라는 자연적 토대 위에서 실향민을 품어 안은 포용의 공간이었고, 냉전의 아픔을 겪은 역사의 현장이었다. 그리고 이제는 인천국제공항을 중심으로 하는 첨단 글로벌 도시로 도약하고 있다.

과거의 어촌에서 미래 도시로의 전환은 영종도의 정체성에 거대한 계기(契機)를 마련했다. 하지만 이 도약의 과정에서 발생한 개발 이익의 불평등과 교통권 문제는 영종도가 해결해야 할 가장 중요한 사회적 과제로 남아 있다. 영종도 이야기는 단순한 지역사가 아니라, 대한민국이 걸어온 격변의 근현대사를 압축적으로 보여주는 사례이다. 과거의 역사를 잊지 않고 현재의 불평등을 바로잡을 때, 영종도는

영종대교 통행료 무료화 투쟁. 한 영종 주민이 통행료 무료화를
주장하며 동전으로 통행료를 납부하고 있다. (2007.3.25.)
(출처: 연합뉴스)

비로소 이름처럼 '영원한 종가(宗家)'로서 평화롭고 지속 가능한 미래 도시로 나아갈 수 있을 것이다.

글로벌 공항도시로의 도약은 영종도에 빛과 그림자를 동시에 드리웠다. 공항의 원활한 운영을 위해 건설된 영종대교와 인천대교, 그리고 공항철도는 외부와의 연결성을 획기적으로 높였지만, 이 과정에서 발생한 사회적·경제적 문제들은 영종도 주민들에게 '불행의 씨앗'이 되었다. 내륙과 영종도 섬을 잇는 세 개의 연결로는 모두 민자 사업으로 추진되었다. 1997년 IMF 외환위기라는 특수한 상황 속에서, 공항 개항이 코앞인데 연결 공사를 할 재원이 부족했던 정부로서는 불가피한 선택이었을 것이다.

가장 큰 문제는 통행료이다. 영종도는 통행료 없이는 갈 수 없는 대한민국의 유일한 지역이다. 민자 사업으로 건설된 영종대교와 인천대교는 개통 당시 대한민국에서 가장 비싼 통행료를 부과하였으며, 영종도 주민들은 섬에 거주한다는 이유만으로 비싼 통행료를 일상적으로 부담해야 했다. 2004년 영종도 주민들은 "대체 도로 없이 비싼 통행료를 징수하는 것은 위헌"이라며 헌법소원을 제기했지만 대체 수단으로 뱃길이 있다는 어이없는 이유로 기각되었다. 주민들의 끊임없는 투쟁으로 2023년 통행료가 절반 수준으로 인하되고, 두 대교의 통행료가 제한적 무료화(하루 1회 왕복 무료)가 되었지만 여전히 교통 기본권은 침해받고 있다.

또한 공항철도 영종역의 건설비를 인천시가 부담했음에도 불구하고, 운영 수익은 민간 사업자에게 귀속되는 구조, 주민들이 염원하던 제3연륙교의 건설이 기존 민간 사업자에 대한 손실 보상 문제로 장기간 지연되며 통행료 논란이 지속되는 것 역시 주민 갈등과 경제적 불평등을 심화시키는 요소였다. 대형 인프라가 건설되면서 영종도는 첨단 도시의 외형을 갖추었지만, 그 이익의 분배와 비용 부담의 불공정성은 주민들의 삶에 깊은 상처를 남기고 있다.

2장

미생의 땅, 기회의 도시

아시아의 허브, 대한민국의 자랑, 영종의 심장

하루 1천 대의 비행기, 20만 명이 오가는 대한민국 게이트웨이

인천국제공항은 명실상부한 '아시아의 허브(Hub) 공항' 역할을 수행한다. 세계에서 대한민국으로 들어오는 대표 관문 공항이자, 대한민국이 세계로 뻗어나가는 게이트웨이다. 하루 평균 1천 편에 달하는 항공기가 이착륙하며, 약 20만 명의 승객이 인천을 통해 세계로 이동하거나 세계로부터 한국으로 들어온다. 지리적으로 동북아시아의 중심에 위치한 이점과 최첨단 물류 시스템을 바탕으로 인천공항은 여객 운송뿐만 아니라 화물 운송에서도 세계적인 경쟁력을 갖추고 있다. 이 거대한 공항의 움직임 자체가 영종국제도시의 활력이자, 대한민국의 글로벌 경쟁력을 보여주는 바로미터인 셈이다.

영종국제도시의 심장은 단연 인천국제공항(ICN)이다. 2001년 개항 이래, 인천공항은 대한민국의 관문을 넘어 아시아를 대표하는 허브 공항으로 빠르게 성장했다. 특히, 2020~2022년 팬데믹이라는 전례 없는 위기 속에서도 인천공항은 멈추지 않았다. 2017년부터 시작된 4단계 건설사업은 포스트 코로나 시대를 대비하는 공격적인 투자의 상징이다. 이 사업은 제2여객터미널을 확장하고 계류장과 주요 인프라를 확충하여, 연간 여객 수용 능력을 1억 명 이상으로 끌어올리는 것을 목표로 한다. 이러한 선제적 노력과 첨단 서비스는 세계 공항 서비스평가(ASQ)에서 수차례 1위를 기록하며 그 위상을 공고히 했다(2005년부터 2016년까지 12년 연속 '올해의 공항상' 수상, 2025년 현재 14번째 '올해의 공항상' 수상).

다음 글은 2024년 12월 4일자 《인천일보》에 실린 기고문으로, 2024년 말 완료된 인천공항 4단계 확장과 영종국제도시의 발전 방안에 대한 단상을 담고 있다.

인천공항 4단계 확장 개장과 新영종시대

인천국제공항이 7년 동안 총 4조 8천억 원을 투자한 4단계 확장공사와 시험 운영을 마치고 12월 3일 공식 개장한다. 총 4개의 활주로와 285개의 계류장을 구비하고 연간 60만 회 운항, 1억 600만 명의 여객수용, 630만 톤의 화물 용량을 갖춘 세계 3위 인프라 규모의 메가허브공항 시대를 열게 된다. 인천공항공사(이하 공사)는 4단계 확장으로 9.3조 원의 생산유발과 5.9만 명의 취업 유발 효과를 거둘 것으로 분석했다. T2(제2터미널) 확장으로 공사와 자회사는 1천여 명의 추가 인력을 고용하기로 했고, 관련한 서비스업, 화물업 등 민간 고용도 늘어날 것이다.

인천공항 확장은 항공운수업 이외 분야에서 더욱 두드러진다. 공항 서편에 조성 중인 항공정비단지에 세계적 항공 개조업체가 들어오고, 동편에는 부천에 있던 대한항공 엔진정비공장이 아시아 최대 규모로 확장·이전한다. 파라다이스시티에 이어 인스파이어 리조트 개장으로 공항 주변은 엔터테인먼트와 MICE(Meeting, Incentive Travel, Convention, Exhibition) 산업이 형성 중이다. 공사는 공항 관련 일자리가 2024년 6만 명에서 2030년 두 배인 12만 명으로 늘어날 것으로 전망한다.

인천공항의 최단 배후도시인 영종국제도시도 하루가 다르게 변신 중이다. 영종은 2003년 인천경제자유구역으로 지정되고 하늘신도시가 조성되면서 3만 명도 되지 않던 인구가 2024년 10월 말 기준 12만 3천 명을 넘어섰다. 다양한 주택과 기반 시설이 갖추어지면서 상주인구만 7만여 명인 인천공항과 직주근접형 도시생태계가 조성되고 있다. 인천경제자유구역청은 영종국제도시의 목표인구를 2027년, 18만 명으로 설정하였다. 행정적으로 영종은 2026년 7월 1일부로 중구에서 분구해 '영종구'로 독립하게 된다.

인천공항과 영종국제도시는 떼려야 뗄 수 없는 상호보완적 관계이다. 도시 정주기반이 좋아지면 공항이 필요로 하는 풍부한 노동력을 수용할 수 있고 일자리가 늘어나면 지역경제가 활성화되는 선순환 구조가 형성된다. 영종의 발전이 인천공항 발전으로 이어지고, 인천공항의 발전은 지역경제뿐 아니라 인천경제, 대한민국 전체의 발전으로 연결된다. 인천공항과 영종의 상호보완적 발전구조가 잘 작동하기 위해 3가지 과제를 제안하고자 한다.

첫째, 인천공항경제권 활성화를 위한 제도적 기반이 필요하다.

인천공항과 주변지역 개발은 국토교통부와 인천공항공사, 인천시와 인천경제자유구역청, LH, 중구 등 다수의 기관이 관여하고 여러 법령이 중첩되어 있다. 이로 인한 중복 규제와 복잡한 행정절차 문제로 국내 및 외국기업 유치와 투자에 어려움을 겪고 있다. 인천국제공항은 대한민국과 세계를 잇는 국제적, 경제적, 정치·외교적으로 유일무이하고 특별한 곳이다. 행정중심복합도시특별법 같은 가칭 '인천공항경제권촉진특별법'을 제정하여 국가가 직접 관할하면서 거시적이고 효율적으로 개발을 주도할 필요가 있다. 국가 직접 관할을 전제로 필요하다면 인천경제자유구역 해제도 검토해 볼 수 있다. 지자체, 시민사회와의 소통은 심의위원회를 설치하여 의사결정 구조에 참여하면 된다.

둘째, 친환경 재생에너지 기반을 만들어야 한다.

세계는 기후위기에 대응하기 위해 탄소중립-재생에너지 체제로 재편되고 있다. 구글, 애플, 메타 등 세계적 빅테크 기업뿐만 아니라 삼성, LG, 현대차 등 우리 대기업들도 RE100에 가입해 재생에너지(태양광, 풍력발전) 확보에 사활을 걸고 있다. 인천공항도 RE100에 가입하여 현재 15%인 재생에너지 사용 비율을 2030년 60%, 2040년까지 100% 달성을 목표로 하고 있다. 앞으로 모든 산업과 일자리에는 재생에너지가 핵심 조건이 된다. 우리나라는 무역의존도가 80%가 넘는 대외환경에 매우 민감한 경제구조로 이러한 변화에 발 빠르게 대응하지 않으면 안 된다.

영종도는 아직도 상당 부분이 미개발지, 유휴지로 남아 있고 준설토 투기장 등 추가매립 여력도 충분하다. 인근

바다에 해상풍력 건설도 검토해 볼 수 있다. 수도권 산업단지 인근에 재생에너지단지 건설지로 이만한 지리적 여건을 갖춘 곳은 드물다. 2GW 규모의 재생에너지 단지를 건설하면 절반은 인천공항에서 사용하고, 나머지는 지역 산업단지에 공급하여 첨단기업을 유치할 수 있다. 신안군에서 실시하고 있는 햇빛연금 방식처럼 이익공유형 에너지 상생모델을 만들면 지속 가능한 에너지 자립 도시도 가능하다.

셋째, 지역균형발전과 함께 가야 한다.

인천공항과 연관산업의 생산유발 및 일자리 창출 효과는 영종지역에만 그치지 않는다. 공항경제권의 부가가치는 송도와 청라뿐 아니라 남동공단과 인천지역 전체가 혜택을 공유할 정도로 커질 수 있다. 그러기 위해서 영종도와 인천 내륙 간 교통체계 확충이 필수적이다. 사람과 상품의 흐름이 자유로울수록 이익과 문화의 공유 수준도 발전한다. 인천지역 내 교류와 소통이 원활하지 않으면 부가가치가 서울 등 다른 지역으로 유출될 수 있다. 송도, 청라, 영종이 별개가 아닌 하나의 환류경제권이 되어야 한다.

내년 말에 완공되는 제3연륙교는 영종과 내륙 간 교류 발전에 큰 계기가 되겠지만 여전히 부족하다. 내륙과 영종을 잇는 (유료도로가 아닌) 간선도로 또는 지방도가 반드시 필요하고 인천공항 이용객이 인천발 KTX를 편리하게 이용할 수 있도록 해야 한다. 내륙-영종 간 대중교통도 더욱 확충하여 교류를 촉진해야 한다.

영종은 2001년 인천국제공항 개장으로 새로운 시대를 연 이래 차근차근 미래를 준비하고 있다. 2025년 영종은 인천공항 4단계 확장 개장, 제3연륙교 개통으로 물적 기반을 확충하고, 2026년 영종구 분구를 계기로 특별한 도시 정체성을 지닌 '新영종시대'를 열어갈 것이다.

인천공항을 움직이는 사람들

인천공항은 단순한 시설이 아니라 거대한 하나의 산업 생태계다. 항공사, 관세청, 출입국·검역, 보안, 공항 운영, 면세점, 식음료, 정비 등 수만 명의 사람이 이곳에서 일하며 공항을 24시간 가동시킨다. 인천공항 측은 상주인구가 9만 명에 달한다고 한다. 이들은 영종국제도시를 지탱하는 핵심 인구이자, 대한민국의 첫인상을 결정하는 '얼굴'이다. 공항 종사자들의 안정적인 정주 환경 조성은 영종국제도시 발전의 가장 기본적인 전제 조건이라 할 수 있다.

흔히 '인국공'이라 부르는 인천공항공사 직원 수는 2,000명 정도이고, 3개의 자회사―인천공항운영서비스, 인천공항시설관리, 인천공항보안―직원이 약 1만 명에 달한다. 여기에 항공사 직원, 출입국관리, 관세, 검역 등을 담당하는 정부 공무원, 면세점 및 상업 시설 직원, 화물터미널과 물류업체 직원 등이 인천공항에서 일하는 사람들이다. 인천공항은 24시간 쉬지 않고 돌아가기 때문에 근무자들도 교대 근무로 일한다. 심지어 카지노 리조트에 근무하는 직원들도 교대 근무를 하기 때문에 하늘도시에 있는 오피스텔 타운으로 통근 버스가 밤새 이들을 실어나른다.

인천공항과 협력업체에서 일하는 사람들에게 가장 절실한 문제는 교통과 육아이다. 그러나 영종도 주거밀집지역인 하늘도시와 인천공항을 연결하는 대중교통은 여전히 불편해 자가용 없이 출퇴근하기가 힘들다. 택시를 타면 인천공항 제1터미널까지 1만 5,000원에서 2만 원 정도 나온다. 시범 도입되었던 수요응답형 버스도 수요가 부족하다며 2년 만에 폐지되었다. 인천공항 주변에 24시간 어린이집이 운영 중이지만 공항세관과 일부 협력업체 직원들만 이용할 수 있어 수요 대비 공급이 부족한 현실이다.

인천공항을 가본 사람은 그 규모와 편리함, 쾌적함에 감탄한다. 그러나 지상의 화려함 뒤에는 지하의 참혹한 현실이 있다. 공항 지하의 광활한 수하물 하역장에서는 총연

인천공항 시설관리 노동자의 열악한 현실(출처: 2025.10.24. MBC 뉴스)

장 88km에 달하는 컨베이어 벨트가 쉼 없이 돌아간다. 하루 1천 편의 비행기에서 쏟아내는 화물이 24시간 내내 이동하며 체인과 고무벨트에서 뿜어내는 분진은 마치 탄광 채굴장을 연상시킨다. 2025년 10월 24일 MBC 뉴스 보도에 따르면, 분진 성분분석 결과 1급 발암물질인 벤조피렌이 검출되었다. 그럼에도 불구하고 여기서 일하는 노동자들은 제대로 된 보호 장비나 청소 장비를 갖추지 못한 채 작업에 내몰리고 있다. 직원이 폐암에 걸려 산업재해 인정을 받기도 했지만 회사 측은 '문제없다'는 입장이다.

정말 문제가 없다면 왜 1급 발암물질인 벤조피렌이 검출되며, 노동자들은 거미줄처럼 얽힌 컨베이어 벨트 아래서 제대로 된 보호 장비도 없이 방치되고 있는가. 인천국제공항의 화려함과 영광 뒤에서 노동자들이 발암 분진을 뒤집어쓴 채 신음하고 있다면, 그 영광은 허상일 뿐이다. 인천공항은 대한민국과 인천의 자부심이다. 앞으로도 그래야 한다. 그리고 그 현장에는 영종의 주민들이 일하고 있다. 인천공항의 모든 사람이 안전하고 행복하게 일할 수 있을 때, 비로소 명실상부한 세계 1위 공항이 될 수 있다.

2

영종, 인천의 히든카드

영종에도 사람이 살아요?!

내가 이주할 무렵 영종도 인구는 7만 명대였다. 주변 사람들에게 "영종에도 사람이 살아?"라는 질문을 많이 받는다. 영종의 인구는 2001년 인천공항 개항을 기점으로 서서히 유입되기 시작했으나, 당시 인구는 2만 명도 되지 않았다. 이후 2011년까지 3만 명대를 유지하다 2012년부터 하늘도시 입주가 본격화되면서 연평균 10%의 인구증가율을 기록하며 2025년 11월 말, 13만 4천 명을 기록했다. 15년 만에 인구가 4배 증가한 것이다. 이 추세가 유지된다면 2028년경에는 인천경제자유구역청이 계획인구 목표로 삼은 18만 명을 달성하고, 2030년에는 20만 명을 돌파할 수 있다.

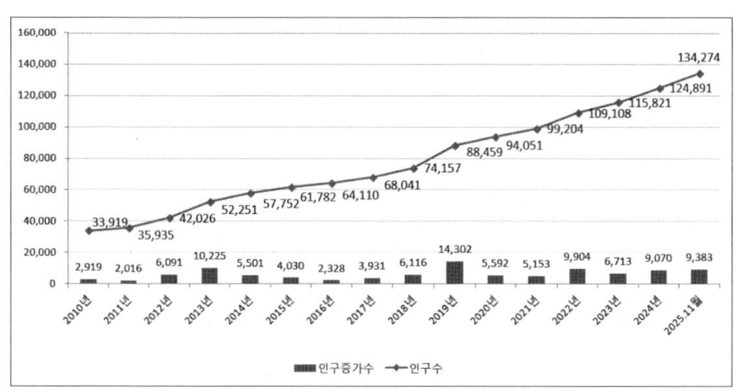

영종도 인구 변화 추이(2010년~2025년)

앞으로 5년, 2030년까지는 증가 속도가 다소 완만하더라도 인구는 지속적으로 증가할 것으로 보인다. 항공정비센터(MRO)와 대한항공 엔진정비공장이 예정대로 들어서고, 인스파이어 리조트와 파라다이스시티가 예정대로 투자를 집행한다면 수천 개의 일자리가 창출될 것이다. 또한 최근에 인천공항공사가 발표한 AI 혁신허브가 국제업무협력단지에 조성된다면 AI 관련 기업 유치와 함께 추가적인 일자리 창출도 기대할 수 있다.

영종 인구가 20만 명 수준이 되면 도시 인프라가 확충되고 관내 소비 수요가 규모의 경제를 이루면서 서비스업도 성장할 것이다. 여기에 국제학교 등 외국인 주거환경까

지 조성된다면 지역의 경쟁력은 한층 높아질 것이다. 문제
는 행정이다. 2026년 7월 영종구가 분구되며 신설 행정구
로 출범하는 만큼, 얼마나 시행착오를 줄이면서 지역의 발
전과 주민들의 삶의 질을 높일 수 있는가가 중요하다. 위기
는 기회이다. 신설구로서 가능성을 최대한 살릴 수 있다면
기존 중구 보다 수준 높은 행정서비스를 보여줄 수 있다.

인천에서 가장 젊은 도시

영종국제도시는 인천에서 가장 젊은 도시다. 영종도 주민의
평균 연령은 38세로, 인천 전체 평균인 43.2세보다 5세가
량 젊다. 2020년 이후 인구가 급증하면서, 특히 30~40대
젊은 세대와 그들의 자녀인 유소년 인구의 비중이 두드러
지게 높아졌다. 영종이 젊은 도시로 자리 잡게 된 근본적인
이유는 크게 두 가지다.

첫째, 일자리다. 인천공항 및 관련 산업, 그리고 복합리
조트 분야 종사자들이 대거 유입되었다. 대부분 20~40대
의 생산가능 인구와 신혼부부, 1인 세대 유입이 꾸준히 이
어지고 있다. 둘째, 주거 여건이다. 수도권 대비 상대적으로
저렴한 주거 비용과 신축 아파트가 많아 젊은 세대의 내 집
마련 수요를 흡수했다. 영종의 아파트 시세는 인근 송도의

씨사이드파크 구름광장에서 바라본 하늘도시 전경

백운산 정상에서 바라본 공항신도시(운서동) 모습. 멀리 인천공항
활주로가 보인다.

50~ 60%, 청라의 70~80% 수준인데, 실수요자가 많아 부동산 가격 등락이 급격하지 않은 편이다. 새로운 일터와 보금자리를 찾아온 젊은 에너지는 영종국제도시의 활력을 만든 원천이다.

높은 교육열과 문화적 수요를 가진 젊은 세대의 증가는 도시의 질적 성장을 요구한다. 영종도는 단순히 잠자고 출퇴근하는 베드타운이 아닌, 젊은 세대의 라이프스타일과 트렌드를 반영하는 도시 정체성을 만들어가야 한다. 특화된 교육 인프라, 젊은 감각의 문화·예술 시설, 그리고 편리한 보육 환경 구축이 그 핵심이다.

영종의 1인 세대 비율은 48%로, 인천시 전체 32.5%보다 월등히 높다. 대부분 인천공항 관련 종사자거나, 관광 및 서비스업에 종사하는 젊은 층이다. 출퇴근 시간에 운서역 2번 출구에 서 있으면 대학가 같은 느낌이 들 정도이다. 1인 가구가 늘어나면서 이들의 '외로움'이 국가적 아젠다로 떠오르고 있다. 일부 유럽 국가에서는 외로움 전담 장관을 둘 정도로, 외로움은 우울증을 거쳐 사회문제로 확산될 수 있다. 소통이 단절된 채 온라인 SNS 버블 속에서만 사는 일부 청년들의 극우화 성향도 외로움과 무관하지 않다. 청년층을 비롯한 전연령대의 외로움 문제는 이제 국가와 지자체가 관심 갖고 정책으로 응답해야 할 중요한 의제가 되었다.

3

국내 최대 카지노 리조트 보유 도시

MICE*, 관광산업 연계하여 시너지 내자!

영종국제도시는 대한민국 복합리조트 산업의 메카로 빠르게 자리매김하고 있다. 2017년 문을 연 파라다이스시티와 2024년 개장한 인스파이어 리조트는 영종도를 명실상부한 국내 최대의 카지노 복합리조트 보유 도시로 만들었다. 두 개의 카지노 시설은 외국인 전용 카지노로서 국내 모든 외국인 카지노를 합한 것보다 규모가 크다.

특히, 이들 리조트가 창출하는 관광객 유치 효과와 매

---

* 기업회의(Meeting), 포상관광(Incentive), 컨벤션(Convention), 전시(Exhibition)를 융합하여 경제적 부가가치를 창출하는 비즈니스 관광산업

출 규모는 상상을 초월한다. 2024년도 파라다이스시티 매출액은 5,393억 원, 인스파이어 리조트는 2,190억 원으로 신고되었다. 파라다이스시티는 개장 후 한류와 연계된 프리미엄 관광의 중심 역할을 해왔으며, 인스파이어는 대규모 아레나와 컨벤션 시설을 앞세워 K-팝 공연을 비롯한 수준 높은 콘서트와 국제적인 MICE 수요까지 흡수하며 새로운 성장 동력을 만들어가고 있다. 인스파이어가 정상 궤도에 오르면 파라다이스시티와 함께 1조 원대 매출 달성도 멀지 않다. K-팝을 위시한 K-컬처(K-culture)가 세계의 핫트렌드가 되고 있는 시점에, 영종도 복합리조트는 K-컬처 부흥의 선두 주자로 떠오를 것이다.

2025년 경주 APEC 정상회의가 열리기 전, 영종도 인스파이어 리조트에서 'APEC 재무·구조개혁 장관회의'가 개최되었다. 그동안 인천에서 장관급 국제회의가 열리면 주로 송도에서 개최되었지만, 이제 영종이 국제회의와 컨퍼런스의 좋은 선택지로 떠오른 것이다.

복합리조트의 핵심은 단순한 카지노 운영이 아니라 MICE 산업과의 연계에 있다. 국제회의, 기업 인센티브 투어, 대형 컨벤션과 전시회 유치가 가능한 최첨단 시설은 영종도를 아시아 비즈니스와 관광의 교차점으로 만들 잠재력을 갖추었다. 특히, 공항과 인접한 지리적 이점은 국내외 방문객의 접근성을 극대화하여 시너지를 창출한다. 이들 리조트는 숙박, 쇼핑, 식음, 엔터테인먼트가 결합된 '올인원' 관광 경험을 제공하며 도시 전체의 관광 가치를 끌어올린다. 이제 접근성뿐만 아니라 볼거리, 먹을거리, 즐길 거리 등을 개발하여 강점을 다각화해야 한다.

복합리조트는 막대한 규모의 고용 창출과 세수 기여를 통해 지역경제에 활력을 불어넣는다. 또한, 지역 주민 채용 확대, 지역 농수산물 우선 구매, 문화·예술 지원 등 다양한 방식의 지역사회공헌 활동을 수행할 수 있다. 복합리조트의 성공적인 안착은 영종국제도시를 관광 특구로 발전시키는 동시에, 지역과 상생하는 모범적인 모델을 구축하는 데 중요한 역할을 할 것이다.

지역사회 상생, 방법은 있다

경제자유구역청은 앞으로 카지노 클러스터 구축을 위해 미단시티에 유치하려다 실패한 제3카지노 유치를 계속 추진한다고 한다. 그러나 지금과 같은 구조로는 영종에 국내 최대 카지노 클러스터가 조성되더라도, 제주나 정선처럼 카지노사업 수익의 일부를 지역사회에 환원하기는 어렵다.

카지노와 같은 사행산업은 일종의 기피시설인 만큼,

해당 시설이 자리한 지역에 일정 부분 인센티브가 부여되는 것이 합리적이고 상식적인 일이다. 이건 단순히 카지노와 맞닿아 있는 용유동 주민들의 불편에 국한된 문제가 아니라 영종도 전체가 함께 고민해야 할 사안이다.

카지노업 및 대형점포 관련한 법조항은 다음과 같다.

1) 카지노업의 허가 조건은 〈관광진흥법〉에 규정돼 있다. 이 법에는 매출액의 10%에 해당하는 관광진흥개발기금 납부 의무는 명시돼 있지만, '주민 상생 방안'에 대한 규정은 없다. 관광진흥개발기금은 문화체육관광부가 징수해 관광산업 발전을 위해 전국 단위로 사용된다. 영종도 소재 기업에서 기금을 많이 냈다고 해서, 그만큼을 다시 지역에서 가져다 쓸 수 있는 것이 아니다.

제주 소재 외국인 카지노들은 〈제주특별자치시설치 및 국제자유도시조성특별법〉에 의거 특례가 적용되어 '제주관광진흥기금'을 납부하며 카지노업 허가 서류에 '지역고용 및 지역발전 상생계획'을 제출해야 한다. 이에 따라 2022년 제주 소재 8개 카지노는 총 67억 원의 제주관광진흥기금을 납부하였다(호황기였던 2018년에는 471억 원 납부). 그러니까, 제주도 카지노는 제주시특별법에 따라 제주관광진흥기금을 내고, 지역발전 상생계획을 허가 조건으로 달 수 있지만, 영종 소재 카지노는 〈관광진흥법〉 적용을 받기 때문에 제주처럼 카지노 업체의 상생 조건을 강제할 제도적 장치가 없다.

만약 영종도 제주처럼 특례가 적용된다면 파라다이스 시티가 2023년에 관광진흥기금으로 납부한 152억 원이 온전히 영종의 관광진흥을 위해 쓰일 수 있는 것이다. 대안을 찾자면, 관광진흥개발기금 중 영종 소재 업체에서 조성된 기금의 일부를 영종 내 관광산업진흥에 쓰일 수 있도록 법 개정을 추진하거나, 문화체육관광부를 상대로 기금 사용처를 특정하도록 정치적 압력을 행사하는 방법이 있다.

2) 인스파이어가 조성하고 있는 유통상가는 〈유통산업발전법〉상 대규모 점포(3,000제곱미터 이상 집단상가)에 해당되어 개설등록 시, 구청에 상권영향평가서와 지역협력계획서를 제출해야 한다. '유통업상생발전협의회(이하 상생협의회)'는 이 평가서와 계획서를 검토하여 구청장에게 의견을 제시하고 구청장은 미진하다고 판단할 경우 사업자에게 보완을 요구할 수 있다.

인스파이어는 중구청에 상권영향평가서를 2023년 7월에 제출했는데 구청장이 두 차례 보완을 요구하였고, 9월 27일 인천 중구 상생협의회는 대규모 점포 개설등록 신청을 가결했다. 관련법에 의하면 상생협의회는 부구청장을 회장으로 하고 11명 이내(대형 유통기업 대표 3명, 지역 전통시장·슈퍼·상가 등 중소유통기업 대표 3명, 지역소비자단체 또는 주민단체 대표, 구청 유통업무 담당 과장급 공무원(경제산업과장) 등)로 구성된다.

〈유통산업발전법〉 제8조의2에 따르면 구청장은 제출된 지역협력계획서에 대해 정기적으로 이행실적을 점검하고 사업자에게 개선을 권고할 수 있다. 인스파이어 지역협력계획서와 이행점검을 밀실에서 하지 말고 공개해야 한다. 유통업상생발전협의회 위원 구성도 보다 폭넓은 대표성을 갖추도록 구청에 요구할 필요가 있다.

4

을왕리에서 힙왕리로, 레저와 생태의 보고

서울에서 가장 가까운 해수욕장, 노을맛집

영종도는 서울권에서 가장 가깝고 접근성이 좋은 해수욕장을 품고 있다. 을왕리, 왕산, 마시안, 선녀바위, 하나개 해수욕장이 바로 그곳이다. 그중 을왕리 해수욕장은 오랜 시간 수도권 주민들의 대표적인 휴식처였다. 크지 않지만 아담한 해변과 해 질 녘 모습은 예상치 못한 감상에 젖기에 충분하다. 노벨문학상을 수상한 작가 한강의 첫 등단작인 《붉은 닻》은 작가가 을왕리 해수욕장에서 느낀 감상을 모티브로 했다고 한다.

영종에는 서해의 황금빛 노을이 바다를 물들이며 장관을 연출하는 '노을 맛집'이 많다. 을왕리, 왕산, 하나개 등 모든 해수욕장이 다 좋지만 나는 북쪽에 위치한 예단포의 노을을 가장 아낀다. 예단포는 옛날 외적의 침입으로 왕궁이 강화도로 천도했을 때, 왕에게 예단을 바치러 가는 포구였다는 데서 유래했다. 바다 쪽으로 나 있는 진입로 끝에서 봤던 노을은 나의 인생 노을로 남아 있다. 인근에 있는 예단포 둘레길을 걸으면서 보는 바다 풍경도 훌륭하다.

을왕리는 이름값에 걸맞지 않게 바가지요금과 주차난, 최근에는 불법 건축물 문제로 부정적 인식을 안고 있다. 지리적 접근성, 좋은 자연환경을 적극 활용해 명품 관광자원으로 탈바꿈시켜야 한다. 오래된 노포 거리였던 을지로, 낡은 공장 지대였던 성수동이 젊은이들이 북적대는 '힙(hip)'한 동네로 바뀌었듯이 을왕리와 왕산도 '힙'한 감성을 더해 '힙왕리'로 변모할 날이 올 것이다.

맨발 걷기와 해양치유

영종도 서남단에 무의도와 소무의도가 있다. 과거에는 잠진도에서 배를 타고 들어가야 했지만, 2020년에 무의대교가 개통되어 편리하게 오갈 수 있게 됐다. 무의도에는 하나개 해수욕장과 실미도 해수욕장이 있다. 영화 〈실미도〉로 유명한 그 실미도가 맞다.

하나개 해수욕장의 해변은 이름만큼이나 아름답다. 썰물이 되면 1km나 물이 빠진다. 그만큼 해변 경사가 거의 없어서 평지를 걷는 느낌이다. 최근 전국적인 트렌드가 된 맨발 걷기와 해양치유를 위한 최적의 장소로 주목받고 있다. 넓고 평탄한 갯벌과 해변을 걸으며 자연 에너지를 얻고, 서해안 특유의 염분과 미네랄이 풍부한 환경은 심신을 치유하는 데 도움을 준다. 해변 뒤로는 호룡곡산 국립자연휴양림이 있어 산과 바다가 어우러진 최적의 치유공간을 제공한다. 훌륭한 자연환경에도 불구하고 아직 관광 인프라 수준은 취약하다. 해양치유를 주제로 공공 투자나 민간 투자가 이루어질 수 있도록 민관이 협력해야 한다.

영종을 레저스포츠와 생태관광의 천국으로

영종도는 넓고 잘 정비된 도로와 해안선을 따라 펼쳐진 자전거길 덕분에 레저스포츠의 성지로 발전할 가능성이 풍부하다. 달리기를 즐기는 사람으로서 인근에 여기만큼 마라톤, 사이클, 트레일 러닝 훈련을 하기 좋은 곳이 없다. 씨사이드파크는 직선주로 5km의 조깅 트랙을 갖추고 있고, 미단시티는 미개발 덕에 좋은 훈련코스를 제공한다. 백운산과 호룡곡산은 가벼운 등산과 트레일 러닝 훈련 코스로 좋다.

나의 최애 노을 맛집, 예단포

무의도 하나개 해수욕장의 드넓은 갯벌 해변과 해변 데크길

그 외에도 영종도 내 모든 공원이 조깅 코스이고, 섬 해안쪽 도로와 하늘도시는 자전거도로가 잘 정비되어 있다. 영종도를 한 바퀴 돌면 약 55km인데 해변과 도시, 산과 농촌 등 다양한 모습을 보며 영종의 매력에 빠지게 된다.

해안도로를 따라 달리는 사이클 코스는 라이더들에게 인기가 높으며, 다양한 마라톤 행사가 연중 개최된다. 특히 씨사이드파크 주변에서 2025년 한 해에만 4개의 마라톤 대회가 개최되었다. 깨끗한 공기와 시원한 바닷바람은 스포츠를 즐기기에 최적의 환경을 제공한다. 최근 러닝붐이 일면서 마라톤 대회마다 참가자들로 만원을 이룬다. 선진국의 사례를 보면 달리기는 쉽게 유행을 타는 운동이 아니다. 영종 주민들이 즐겁게 이용할 수 있도록 스포츠 인프라를 잘 조성하는 것이 필요하다. 인천공항이라는 장점과 자연환경을 결합해 영종을 한 바퀴 도는 풀코스 마라톤 대회나 철인 3종 경기를 개최하는 것도 충분히 기획해볼 만하다.

영종에는 왕산마리나가 있어 요트를 즐길 수 있는 인프라도 구비되어 있다. 문제는 비싼 요트 구입비와 정박료인데, 임대사업 활성화와 공공 정박장 설치로 주민들의 부담을 줄이는 것을 검토할 수 있다. 하루 수십 만 원씩 하는 펜션을 빌려서 연인과 가족이 여가생활을 즐기듯이 요트도 합리적 비용으로 이용할 수 있도록 레저문화 보급에 힘써야 한다.

영종도 주변 갯벌은 인천 갯벌의 일부로 유네스코 세계자연유산 등재를 추진 중이다. 영종도 동측에 있는 갯벌에는 멸종위기종인 흰발농게의 최대 서식지가 있고, 멸종위기종이자 천연기념물인 저어새의 번식지가 있다. 이 영종갯벌은 수많은 철새와 해양 생물의 서식지이며, 지구 생태계에 중요한 역할을 한다.

해양수산부에서는 영종도와 한상드림아일랜드 사이 갯벌 지역을 습지보호구역으로 지정하는 방안을 추진 중이다. 반면 인천경제자유구역청은 이곳을 영종2지구라고 부르며 매립해서 경제자유구역으로 추가 지정하려 하고 있다. 경자청은 지금 있는 경제자유구역도 제대로 개발하지 못하는데 또 무슨 추가 지정인가? 그것도 멸종위기종 서식지를 파괴하면서까지 말이다. 개발할 데가 더 이상 남아 있지 않아서 불가피한 선택이라면 모를까 일거리 만들 목적으로 생태계를 파괴하는 것은 용납할 수 없다.

이곳에서는 갯벌을 보존하며 그 가치를 체험하는 생태관광 프로그램이 활성화되어야 한다. 갯벌 체험은 우리나라 사람은 물론, 외국인에게도 가치 있고 재미있는 경험을 제공할 수 있다. 갯벌 체험은 외국인 관광객을 위한 영종도 관광코스에 반드시 포함되어야 할 프로그램이다.

영종도 한 바퀴 돌기, 선녀바위 해변 부근(2025.11.10.)

5

불편한 진실, 교통 기본권은 어디에?

통행료 없이 갈 수 없는 대한민국의 유일한 도시

영종국제도시의 가장 큰 숙원 사업이자, 주민들의 삶의 질을 저해하는 가장 큰 요소는 바로 통행료 문제이다. 영종도는 대한민국에서 유일하게 통행료를 내지 않고는 육지로 나갈 수 없는 기형적인 구조를 갖고 있다. 영종도를 잇는 두 개의 다리, 인천대교와 영종대교는 모두 민자 도로로서 과도하게 책정된 통행료는 수십 년간 영종 주민들에게 재정적 부담과 교통 불편을 안겼다. 정부의 잘못된 정책과 민자 사업자의 탐욕 때문에 영종국제도시는 다른 2개의 국제도시에 비해 교통 기본권이 훼손된 채 오늘에 이르고 있다.

주민들은 수십 년간 통행료 무료화를 위해 끈질긴 투

쟁을 이어왔다. 그 결과, 2023년 인천공항고속도로와 인천대교의 영종 주민 무료화, 제3연륙교 통행료 무료화(횟수 제한 없음) 등 의미 있는 성과를 거두었지만, 여전히 내륙 시민과의 형평성 문제가 남아 있다. 이는 '미완의 성공'에 그친 것이며, 영종국제도시의 성장과 인천의 통합을 위해서 통행료 완전 무료화가 반드시 이루어져야 한다.

인천인데 인천 가기 힘든 대중교통의 현실

통행료 문제와 더불어 대중교통의 취약성 또한 영종 주민들이 겪는 큰 어려움이다. 인천의 다른 구(區)에 비해 버스 노선과 배차 간격이 현저히 미흡하여, 같은 '인천'임에도 불구하고 인천 내륙의 주요 거점을 오가기가 쉽지 않다. 영종과 송도, 연수구를 연결하는 버스는 밤 11시 전에 막차가 끊긴다. 이는 특히 차량이 없는 젊은 세대와 대중교통 의존도가 높은 주민들의 이동권을 심각하게 제약한다.

영종도의 주요 진출입으로인 영종IC와 금산IC는 현재 1차로로 운영 중이다. 인구가 증가하면서 출퇴근 시 차량 정체가 심각하게 발생하고 민원이 끊이지 않는다. 당국은 탁상행정식으로 조치를 취할 뿐, 근본적인 해결책은 회피하고 있다. 미래 교통 수요를 고려해 진출입로를 확장하고, 금산IC

제3연륙교 통행료 무료화, 인천시청 기자회견(2025.8.25. 인천시청 앞)
(출처: Btv 인천)

영종IC, 금산IC 진출입로 확장 피케팅(2025.11.26. 하늘도시 킹마트
사거리)

공항 방면 진입로를 개설해야 한다.

영종도 내 대중교통 혁신이 필요하다

도시의 성장 속도에 맞춰 영종도 내 대중교통 시스템의 혁신이 시급하다. 섬 내부와 외부를 잇는 버스 노선을 확충하며, 수요응답형 교통(DRT) 등 미래형 대중교통 시스템을 도입해야 한다. 우선 빅데이터, AI를 활용하여 버스 노선 굴곡도를 완화하고, 연계교통망을 구축해 효율성을 높여야 한다. 대중교통 이용 활성화를 위해 청소년과 노인부터 시범적으로 이용료 무료화도 검토해볼 만하다. 통행료 문제 해결과 대중교통 개선은 '영종도를 살기 좋은 국제도시'로 만드는 두 축이다.

아래 글은 2025년 4월 22일자 《K연합일보》에 실린 기고문으로, 영종도의 통행료 문제를 심도 있게 다루고 있다.

제3연륙교, 통행료에 발목 잡힌 인천 통합의 꿈

인천 중구 영종국제도시와 서구 청라국제도시를 잇는 제3연륙교가 2025년 말 개통을 목표로 공사가 진행 중이다. 제3연륙교가 완공되면 경인고속도로와 바로 연결되면서 영종도에서 여의도까지 직선으로 연결돼 기존 영종대교를 이용할 때보다 10km가량 줄어든다. 영종에서 30분대에 서울 서부도심으로 갈 수 있어 접근성이 획기적으로 개선된다. 인천공항 접근경로가 다양화되어 공항이용객의 교통후생 개선효과도 클 것이다.

접근성 개선으로 서울 서부권(여의도, 영등포, 강서, 구로)과 부천, 인천 계양 시민들이 가볍게 영종 나들이를 오게 되어 관광 수요가 증가할 것이다. 내륙과 영종의 자전거도로를 잇는 '300리 자전거 이음길'이 개통되면 자전거 동호인들의 핫플레이스가 될 것이다. 영종주민들은 청라에 세워질 아산병원의 의료서비스와 각종 문화시설을 편리하게 누리게 될 것이다.

이런 장밋빛 전망을 어둡게 하는 요인이 있다. 지난해 말 인천경제자유구역청이 주관한 제3연륙교 영종연결부 관광명소화 사업 주민설명회 자리에서 한 관계자는 "영종, 청라 주민에 대한 통행료 무료를 장담할 수 없다"는 폭탄 발언을 하였다. 국토부와 인천시 간 손실보상금 지급협상이 해결되지 않고 있기 때문이라는 것이다. 국토부가 영종, 인천대교와 맺은 경쟁방지조항 때문에 제3연륙교 개통으로 발생할 통행량 감소분을 보상해줘야 하는데 보상금 책정 기준을 두고 아직까지 합의하지 못하고 있다.

인천시는 2023년 10월부터 영종대교 통행료가 인하(소형차 기준 3,200원에서 1,900원) 되었으므로 인하된 요금을 기준으로 손실보상금을 책정해야 한다는 주장이다. 반면 국토부는 애초 협약한 -인하 전- 요금으로 책정해야 한다는 것이다. 이 두 기준에 따른 보상액 차이는 3배 이상 될 정도로 크다.

12월 개통 약속을 파기할 결심이 아니라면 어떻게든 제3연륙교 통행료와 손실보상금 기준은 합의될 것이다. 영종, 청라 주민에 대한 통행료 무료화 파기도 쉽지 않다. 영종, 청라 택지조성원가에 제3연륙교 건설비용이 포함되어 그 돈으로 다리를 건설했는데 주민이 무료 통행하지 못한다는 것은 용납될 수 없기 때문이다.

문제는 주민 이외에 공항을 이용하고, 영종을 찾는 시민과 국민이 낼 제3연륙교 통행료다. 만약 손실보상금 협상이 국토부 안대로 결정된다면 인천시 입장에서 보상액 지출을 조금이라도 줄이기 위해 통행료를 높게 설정할 가능성이 높다. 통행료를 영종, 인천대교 수준보다 높게 책정한다면 제3연륙교 이용자 수는 줄 수밖에 없고, 다리 건설의 효용성은 감소하게 된다.

영종, 인천대교 두 개의 민자 유료도로는 영종과 인천시의 소통과 통합을 가로막는 장애물이다. 이를 해소할 수 있는 것이 제3연륙교 건설인데 손실보상금 문제가 발목을 잡고 있다. 그 문제만 없었다면 전면 무료도로, 최소한 인천시민 무료화가 될 수 있었다.

제3연륙교 통행료는 영종, 인천대교보다 낮아야 하며 적어도 높게 책정되지 않아야 한다. 눈앞의 손실 규모만 보지 말고, 무형의 가치까지 고려하는 장기적 안목이 필요하다. 근본적인 해결책은 국토부가 기존 영종대교, 인천대교 두 민자 도로 운영자와 재협상해 경쟁방지조약을 삭제하고, 제3연륙교를 국도나 지방도로 전환하는 것이다.

6

국제도시인데, 뭐가 다른 거죠?

국제학교 설립, 늦었지만 내실 있게

영종국제도시는 이름만 '국제도시'일 뿐, 개발이 더디고 국제도시로서 기반 시설이 부족한 '신도시 미생(未生)'의 상태에 머물러 있다는 자조적인 평가가 많다. 공항과 복합리조트라는 화려한 외양에 비해, 정작 주민들이 체감하는 생활 인프라는 다른 신도시에 비해 열악한 것이 현실이다.

국제도시의 핵심 인프라 중 하나는 국제학교다. 외국인 투자 유치와 해외 인재 정착을 위해서는 필수적이며, 젊은 고학력 주민들의 교육 수요 충족에도 매우 중요하다. 영종도에는 이미 국제학교 부지가 마련되어 있으나, 오랜 기간 설립이 지연되어 주민들의 불만이 크다. 국제학교 설립은 영종도를 이름뿐인 국제도시가 아닌, 실질적인 국제도시로 만드는 첫걸음이 될 것이다.

미단시티에 건립 추진 중인 국제학교도 정상적으로 진행되어야 한다. 경자청이 졸속으로 추진하려다 주민들의 반발로 국제공모 방식으로 변경하였고, 우선협상대상자로 선정된 기관(위컴애비)에 대해서도 잡음이 많다. 영종 국제학교는 인천도시공사가 부지를 제공하고 경자청이 건물을 지어 장기 임대하는 방식이다. 약 1,500억 원의 공공자금이 투입된다. 2026년 초에 본계약이 체결되어 계획대로 추진된다면 2028년에는 개교할 수 있다. 외국인 자녀가 다닐 수 있는 학교가 있는 것과 없는 것은 외국인들의 거주 여부를 결정하는 중요한 요인이다. 늦었지만 내실 있게 추진해서 국제도시로서의 입지를 다질 수 있기를 기대한다.

도시 인프라의 국제화

단순히 건물을 짓는 것을 넘어, 도시를 운영하는 방식 자체를 국제화해야 한다. 외국인 주민을 위한 행정 서비스, 다국어 안내 체계, 국제적 기준에 맞는 도시 계획 등 도시 인프라의 국제화가 필요하다. 이는 관광객과 투자자를 넘어, 영종에 정착해 살아가는 외국인 주민들의 삶의 만족도를 높이는 근간이 된다.

인천에는 국제도시가 세 곳 있다. 송도, 청라, 영종인데, 인천경제자유구역청에서 외국인 투자 유치와 거주 지원을 위해 지정한 지역들이다. 그런데 이 세 지역의 외국인 거주 비율은 2024년 12월 기준으로 2%에 불과하다. 경자청이 집중 투자하고 있는 송도는 인구의 2.8%인 5,904명의 외국인이 거주하고 있다. 영종은 2,679명으로 전체의 2.2%를 차지하고, 청라는 1.2%인 1,395명에 불과하다.

송도에는 여러 곳의 국제학교와 국제기구, 연구소, 기업이 있지만 외국인이 생각보다 많이 거주하고 있지 않다. 경자청이 외국인을 대상으로 설문조사를 실시한 결과, 언어장벽에 따른 의사소통 문제가 가장 큰 애로사항으로 뽑혔다. 아파트 공지사항을 영어로 안내하거나 내·외국인이 교류할 수 있는 소통의 장이 필요하다는 건의도 있었다고 한다.

그동안 국제도시라는 명칭에 대해 큰 고민이 없었던 것이 사실이다. 단순히 도시의 브랜드를 높이는 용도로만 생각했지 정작 실질적 내용이 무엇인지에 대해서는 충분히 살피지 못했다. 국제도시의 조성과 관리는 경자청의 업무이지만 현재의 사정을 보면 경자청에만 맡겨둬서 해결될 문제는 아닌 것 같다.

예를 들어 아파트 공지사항에 한국어와 영어를 병기하

고, 거리 표지판 등 공공시설물 안내에 영어를 공용으로 표기하는 것은 인천시와 중구청의 협조 없이는 불가능하다. 관내 외국인의 애로사항을 청취하고 한글교실 등 내국인과 소통할 수 있는 장을 마련하는 일도 마찬가지다. 지자체의 인식 전환이 필요하다.

외국인 친화적 도시가 된다는 것은 도시 정책이나 지방행정의 우선순위를 외국인에게 둔다는 의미가 아니다. 우리 도시가 국제도시로 발전해야 한다는 데 주민 사회가 공감대를 형성하고 자발적으로 외국인 친화적 문화를 조성하는 것이 중요하다. 외국인 혐오를 근절하고 문화의 다양성을 포용하는 분위기가 필요하다.

공항과 복합리조트의 특성상 영종국제도시는 다양한 국적과 문화를 가진 사람들이 공존하는 다문화사회로 빠르게 진입하고 있다. 이는 영종도의 경쟁력이자 잠재력이지만, 동시에 사회적 통합과 상호 이해를 위한 노력이 필요한 분야이기도 하다. 다문화 교육 및 지원 센터 확충 등을 통해 조화로운 국제도시를 만들어가야 한다.

치안 서비스도 불공평하다

외국인들이 한국에 와서 놀라워하는 것 중 하나가 높은 치안 수준이다. 한밤중에도 혼자서 안전하게 거리를 돌아다닐 수 있고, 카페에 소지품을 두고 화장실에 다녀와도 문제가 없다. 우리야 익숙해져 있지만 외국에 비해 치안 수준이 높은 것에 자부심을 가질 만하다.

그런데 영종에는 인구 대비 경찰 인력이 턱없이 부족하게 배치되어 있다. 중구 내륙에는 중부경찰서와 두 개의 지구대가 있지만, 인구가 두 배에 이르는 영종에는 지구대 두 곳과 파출소 한 곳이 전부다. 따라서 운전면허증을 (재)발급받으려 하거나 경미한 형사사건에 연루라도 되면 다리 건너 중부경찰서로 가야 한다. 영종 주민이 유독 착하고 법을 잘 지켜서 경찰 인력이 덜 필요하기 때문이 아니다. 오히려 사건 사고가 발생했을 때, 신속한 대응이 어려워지면서 지역 안전에 대한 민감도가 낮아질 수밖에 없다. 이는 대한민국 국민이자 인천시민으로서 마땅히 누려야 할 동등한 치안 서비스를 제대로 받지 못하고 있다는 뜻이다.

사실 영종에 경찰서를 설립하기로 결정한 것은 2019년 말이었다. 애초 2022년에 영종경찰서가 개서될 예정이었지만 6년이 지나도록 땅만 매입해 놓고 중단됐다. 문제는 청사 신축비용이다. 당초 370억 원으로 책정됐던 사업비는 코로나 사태와 국제 원자재 가격 상승의 영향으로 470억 원까지 늘어나 타당성재조사를 받게 되었다. 이 절차대로라면 빨라야 2029년에 개서가 가능하다고 한다.

　　조직 승인까지 모두 완료됐음에도 청사가 없어 개서를 못한다는 것을 납득할 수 없었다. 행정안전위원회 소속 이해식 의원실에 서 근무하며 비슷한 사례가 있는지 조사했다. 3개소가 임시청사로 개서한 사례가 있었다. 그런데 임시청사 개서는 경찰청의 자체 판단만으로 가능한 것이 아니라 해당 지역의 요구가 있어야 가능했다. 2025년 1월, 영종국제도시총연합회 정책위원 자격으로 이 사실을 지역 언론에 기고했고, 영종총연에서도 성명서를 발표했다. 한 달쯤 후에 지역구 국회의원인 배준영 의원이 경찰청 기획조정관을 불러 영종경찰서 임시청사 개서 검토를 공식적으로 요청했다.

　　대선 이후 이재명 정부 국정기획위원회 정치행정분과에서 일하면서 경찰청에서 파견 나온 직원에게도 이 사안을 문의했다. 당시 경찰청은 임시청사와 관련한 자체 예산 편성 계획이 없는 상태였다. 지역구 의원 차원의 적극적인 로비가 조금 아쉬웠지만, 그럼에도 내가 할 수 있는 노력은 다하고자 했다.

　　임시청사 예산이 본예산에 들어가지 못한 것으로 알고 9월 초에 의원실을 그만두고 나왔다. 그런데 10월 무렵 배준영 의원이 영종경찰서 개서를 꼭 이루겠다는 현수막을 걸었다. 처음에는 국회 예산 심의 과정에서 증액을 추진하겠다는 의미로 이해했는데, 이미 정부예산안에 임시청사 예산 25억 6,000만 원이 들어갔다는 것을 뒤늦게 알게 됐다. 정부와 여당 주도로 편성되는 정부예산안의 특성상 구체적인 내막은 알 수 없으나, 결과적으로 누군가는 이를 자신의 업적으로 홍보할 명분을 챙긴 셈이다. 하지만 진정한 성과는 화려한 현수막이 아니라, 막힌 길을 찾아내고 주민과 함께 대안을 만드는 치열한 과정에 있다고 믿는다.

어쨌든 영종구 분구 시기에 맞춰 2026년 7월 1일에 영종경찰서가 개서하고, 영종은 비로소 어엿한 경찰서를 보유한 자치구가 된다. 처음으로 이 이슈를 제기하여 공론화하고 국정기획위원회에서 임시청사의 필요성을 개진했다는 점은 기록으로 남겨둔다. 다음 글은 2025년 1월 11일자《인천투데이》오피니언면에 실린 기고문이다.

건립 난항 영종경찰서 임시청사로 개서하자

인천 중구 영종도는 중구 내륙 항동에 있는 인천중부경찰서가 관할한다. 영종에는 지구대 2개(영종지구대, 공항지구대)와 파출소(용유파출소) 1개가 있다. 인천국제공항의 치안을 담당하는 공항경찰단이 별도로 있지만 영종주민의 민생치안과는 거리가 멀다.

영종에 근무하는 경찰관은 120~150명 정도로 추정된다.(인천공항경찰단 제외) 최대인원으로 잡아도 영종인구 833명당 경찰관 1명이 담당하는 셈이다.

2024년 8월 기준 전국평균 경찰관 1인당 담당 국민 숫자는 391명인데 영종은 평균의 2배가 넘는 수준이다. 인구가 영종의 절반 수준인 중구 내륙에만 지구대 2개와 파출소 2개가 있는 것과 비교해도 영종의 치안 인프라는 열악한 실정이다.

영종경찰서는 2019년 당시 지역구 국회의원이었던 안상수 의원이 국회 예산결산특별위원장을 하면서 행정안전부로부터 조직 신설 승인을 받았다. 이후 2020년도 정부예산에 토지보상비를 반영하면서 개서가 확정됐다. 당시 안상수 의원과 지역단체들이 거리 곳곳에 환영 현수막을 게시했지만 5년이 지나는 시점에 경찰서 착공한다 소리가 들리지 않고 있다.

당초 영종경찰서는 2023년 운남동 1699-3번지에 지하 1층, 지상 7층 규모로 개서 예정이었다. 그런데 코로나19가 터지고 예산확보도 안 되면서 2026년으로 연기됐다. 이어 지난해 말에 또다시 2028년 이후로 재차 연기됐다.

이유는 청사건립 사업비가 당초 370억 원에서 470억 원으로 27%나 급등하자, 한국개발연구원(KDI)이 타당성

재검토에 들어갔기 때문이다. 만에 하나 KDI 타당성 재조사 결과가 부정적으로 나오면 2028년 개서도 보장할 수 없다.

영종국제도시는 2026년 7월 1일 기존 중구에서 영종구로 분리될 예정이다. 그런데 영종경찰서는 개서하지 못한 채 30km나 떨어져 있는 인천중부경찰서가 앞으로 4~5년은 더 영종의 치안을 담당해야 한다.

이는 다른 지역에 비해 치안 서비스를 불평등하게 받는 것으로 영종 주민들의 행복추구권을 침해하는 것이다. 지금까지 지역 정치권과 단체장이 이 문제를 방치한 것은 차치하고서라도 시급히 문제 해결을 위해 나서야 한다.

대안은 간단하다. 청사 건립 전까지 임시청사를 임차해서 경찰서를 운영하면 된다. 영종경찰서라는 조직을 만드는 것은 이미 행안부의 승인이 난 상태이기 때문에 청사라는 건물이 없다고 개서하지 못할 이유가 없다. 청사 건립 여부가 개서의 전제조건이 아닌 것이다. 전례도 있다.

지난 2008년 경기 화성서부경찰서, 2009년 경기 의왕·하남·동두천경찰서, 2010년 경기 안양만안 경찰서와 부천 오정경찰서가 임시청사에서 개서했다. 지난해에는 강릉해양경찰서 신설에 따른 임시청사 운영예산이 확정되기도 했다.

올해 심의하게 될 2026년도 정부예산안에 영종경찰서 신설 및 임시청사 운영예산을 확보해야 한다. 우선은 정부 예산 안에 들어가게 해야 하고, 안 될 경우 국회에서 증액 하는 방안을 강구해야 한다.

영종주민들은 구청이 내륙에 위치했기 때문에 공공행 정서비스를 원활하게 공급받지 못했다. 영종주민은 다른 지역과 동등하게 치안 서비스를 포함한 공공서비스를 받 을 권리가 있다. 2026년 7월 분구 이전에 영종경찰서 개 서를 촉구한다.

7

공공의료 사각지대

종합병원 응급실 없는 신도시

영종국제도시의 가장 심각한 문제는 종합병원 부재다. 연간 약 3,000명의 응급환자가 발생하지만 현재 영종도에는 종합병원 응급실이 단 한 곳도 없다. 수십 년간 10만 명이 넘는 주민들이 응급 상황 발생 시 육지로 나가야 하는 위험을 감수하고 있다. 이는 영종도의 주민들에게 극도의 불안감을 안겨주는 가장 근본적인 문제다. 영종도는 명실상부한 의료 취약지역이다.

응급진료센터는 100병상 이상을 갖춘 종합병원에만 설치할 수 있다. 현재 영종에는 의원급 병원들이 재정지원을 받아 24시간 진료체계를 갖추고 있지만 간단한 응급진료 이외에 응급환자는 내륙의 대학병원으로 이송시킨다. 인구 7만 명인 강화도에 종합병원이 두 곳이나 있는데, 인구 13만 명인 영종에는 종합병원이 단 하나도 없다는 건 미스터리이다.

2025년 3월에 만삭의 외국인 임산부가 공항에서 응급 상황에 처해 인하대병원으로 이송되는 과정에서 2시간 동안 받아주는 곳이 없어 구급차에서 출산한 믿기 힘든 사건이 발생했다. 지역 언론 《경인일보》에서는 "세계 최고 공항이 위치한 인천 영종국제도시에는 응급실 등을 갖춘 제대로 된 종합병원이 없다"며 "이번 일로 대한민국 관문의 의료 취약성이 고스란히 드러났다"고 질타했다. 또 "상주인구와 공항 유동인구까지 합치면 매일 수십만 명이 오가는 곳에 응급실이 있는 종합병원이 한 곳도 없다는 것은 상식 밖의 일이다"라며 영종과 인천공항의 열악한 의료 인프라를 비판했다.

인천공항이 위험하다

응급의료시스템의 부재는 주민뿐만 아니라 인천공항의 안전에도 직접적인 위협이 된다. 하루 20만 명이 오가는 국제적인 관문에서 대규모 재난이나 의료 비상 상황이 발생했을 때, 골든타임을 놓칠 위험이 매우 크다. 특히 코로나19와

영종 종합병원 문제 국회 토론회(2025.4.23. 국회도서관)

같은 국제 감염병이 유행할 경우 국내 유입을 막는 최일선이 인천공항이 있는 영종도이다. 하지만 영종에는 감염병전문병원은 물론이고 감염자를 격리 치료할 시설도 없다. 이는 국가적 재난 상황으로 이어질 수 있는 심각한 문제다.

인천경제자유구역청은 2020년에 이미 연구용역으로 영종도에 300병상과 36병상의 감염병전문병원이 필요하다는 제안을 한 바 있다. 하지만 인구가 적고, 인근 청라에 800병상 규모의 대형병원이 들어설 예정이라는 이유로 경제성이 부족하다는 평가가 나왔다. 인천공항에서 의료 비상사태가 벌어지면 일류 공항에 3류·4류 의료라고 망신살이 뻗치게 된다. 일 터지고 나서 경제성 타령한들 무슨 소용인가? 소 잃고 외양간 고칠 문제가 아니다.

공항 인근에 대형 항공재난 대응과 국제 감염병 관리를 위한 공공의료체계가 필요하다는 것은 모두가 공감한다. 민간이 수행할 수 없는 영역은 공공이 책임지고 나서야 한다. 국가가 공공병원을 건립하고, 매년 수천억의 순이익을 내는 인천공항공사가 병원을 운영하는 방안이 제시될 수 있다.

청라아산병원 개원까지 의료 공백 대책은?

인근 청라국제도시에 청라아산병원이 2029년 개원을 목표

로 건립될 예정이지만, 완공까지는 상당한 시간이 소요된
다. 공공종합병원 설립이 결정되더라도 건립과 운영까지 짧
게는 5년 길게는 10년이 걸린다. 그동안의 의료 공백에 대
한 대책도 세워야 한다. 동원 가능한 자원은 보건소와 민간
병원이다. 보건소에 대한 투자와 민간과의 협업 체계를 만
들어 당장 응급 상황에 대처할 수 있는 지역 응급의료시스
템을 시급히 구축해야 한다. 응급의료 취약지구 해소는 영
종국제도시의 미생(未生) 상태를 끝내고, 주민의 생명을 보
장하는 도시로 나아가기 위한 최우선 과제다.

아래 글은 2025년 2월 20일자 《인천신문》에 기고한 것
으로, 영종 공공종합병원 설립의 당위성을 주장한 글이다.

영종국제공항이 아닌 인천국제공항인 이유

30년 전 이야기. 1992년 영종도 신공항건설이 착공되고 곧
바로 공항 명칭 논의가 시작되었다. 우여곡절 끝에 1995년
수도권신공항건설공단은 '영종국제공항'으로 명칭을 정했
다. 그러나 인천시민들이 공항 명칭에 '인천'이 들어가지
않는 것은 시민의 자존심이 용납 못한다며 공항 건설 저지
운동까지 벌이겠다고 시민운동을 벌인 끝에 1996년 지금
의 '인천국제공항'으로 변경, 확정되었다.

인천시민의 자존심이 녹아든 인천국제공항(인천공항)은

2001년 개항 후 동북아 허브공항이자, 세계최고 수준의 서비스를 자랑하는 공항으로 자리매김하고 있다. 인천공항은 명실공히 인천의 자랑이다.

그런 인천공항이 코로나 팬데믹 시기를 거치고 최근 발생한 항공사고 영향으로 긴장감에 휩싸여 있다. 또다시 코로나19와 같은 국제 감염병이 유입된다면, 제주항공 여객기 참사 같은 대형항공사고가 발생한다면 효과적이고 안전하게 국민을 보호할 수 있을까?

인천공항은 여러 재난사고에 대비한 대응 메뉴얼을 갖추고 있다. 하지만 인천공항과 인근 영종도 지역에 감압병상과 응급의료체계를 갖춘 종합병원은 물론이고 감염병생활치료센터도 없는 것도 사실이다.

결코 일어나서는 안 되지만 지난해 11월의 항공참사가 인천공항에서 발생한다면 사상자 대부분은 섬 바깥 30km 이상 떨어진 내륙지역으로 이송해야 한다. 1분 1초가 아까운 골든타임을 확보하기 어려운 여건이다. 지난 코로나19 시기에 영종에는 감염환자를 위한 전문격리시설이 없어 중소호텔을 임차해 생활치료센터로 활용했다.

인천공항은 하루 평균 1천여 편의 항공기, 20만 명 이상(연간 1억 명)의 국민과 외국인이 이용하는 다중밀집시설이다. 중증환자가 발생하거나 사고 발생 시, 긴급한 의료대응 시스템이 구비되어야 한다.

만에 하나 대형항공사고나 국제 전염병이 발생하면 영종만의 문제로 그치지 않는다. 인천내륙의 대학병원급 인력과 장비가 공항으로 총출동해야 한다. 당연히 원래의 병원 지역에 의료공백이 발생해 주민들에게 피해를 준다.

지금까지 아무 일도 일어나지 않았기 때문에 아무 문제가 없다고 생각해서는 안 된다. 영종에서는 매년 3천 명 이상의 응급환자가 발생하면 40분 걸려 내륙의 종합병원 응급실을 찾는다. 13만 영종 주민은 고사하고 인천공항을 찾는 우리 국민과 한국을 찾아온 외국인들까지 불편을 감수하라고 할 수 있을까?

인천공항 최근접 배후도시인 영종국제도시에 공공의료시설이 필요한 명분은 충분하다. 이런 상황에서 경제적 타당성 운운하며 병원설립 논의를 봉쇄하는 것은 적절치 않다. 방법 기술적인 부분은 부수적으로 고민하면 된다.

300만 인천시민의 자랑인 인천국제공항은 앞으로도 인천의 자존심이 되어야 한다. 지금 영종에 특수목적 공공병원 설립을 촉구하는 국회 청원이 진행 중이다. 영종 주민들이 횃불을 들었고, 300만 인천시민이 화답해야 한다.

3장

영종러너, 박광운입니다

1

박광운의 정치수업

5월 23일, 눈물의 물밥

2006년 봄부터 광화문에 있는 투명사회협약실천협의회(투명협)라는 단체에서 일했다. 투명협은 2002년 대선 때 차떼기 사건 이후 정부와 정치, 경제, 시민단체가 모여 부패 없는 청렴한 사회를 만들자는 취지에서 결성된 반관반민(半官半民) 단체였다. 주요 업무는 당시로선 생소했던 반부패 사회협약이라는 개념을 사회 각 분야와 지역으로 확산하는 일이었다. 당시 투명협의 사장은 현재 국회부의장을 맡고 계신 이학영 YMCA 사무총장이었다. 투명협에는 당시 한나라당도 참여했고, 전경련(전국경제인연합회)도 있었지만, 2007년 12월 이명박이 대선에서 당선된 후 ABR(Anything but Roh)

의 대상이 되었다. 2008년은 전년도에 확정된 예산이 있어 조직의 명맥은 유지했지만, 정부에서-청와대에서-온갖 트집을 잡으며 예산집행을 안 해주니 다른 참여단체들도 눈치를 보며 뒷걸음질을 쳤다. 결국 2009년 정부예산에서 투명협은 사라졌고 법인 청산 절차를 밟았다.

2008년 가을에 회사를 그만두고—정확히 말하면 폐업으로 인한 실직—1기 로스쿨 시험에 도전했지만 면접에서 떨어졌다. 미국발 서브프라임 모기지 사태가 터진 데다 특별한 기술도 없이 서른 중반에 광야에 던져진 느낌이었다. 다행히 반지하 방이지만 전세 계약 기간이 남아 있었고, 퇴직금도 조금 있던 터라 궁박함이나 긴박함은 크지 않았던 것 같다. 그래서 내린 결론은 공무원 시험이었다. 노량진의 유명하다는 학원에 등록하고 외무행정직 7급을 준비했다.

통상 7급 공무원 시험은 최소 2년은 공부해야 붙을 수 있다고 하는데 갖고 있는 재산으로는 1년을 겨우 버틸 정도였다. 근거 없는 자신감이 발동했다. 시험공부는 의외로 재미가 있었다. 특히 국제정치학과 헌법은 기존 가치관에 영향을 줄 정도였다. 7월에 있을 시험에 첫 방에 붙을 수 있다는 꿈을 꾸었다.

서른다섯 살이던 2009년, 나는 서울 봉천동 언덕배기 반지하방에 살고 있었다. 여름 장마철이면 빗물이 들어와 현관에서 바가지로 물을 퍼 올리고는 했다. 집안으로 들이닥치지는 않았다. 전날 지인들과 취음을 하고 특별할 것도 없이 일어난 토요일 아침, 후배한테 문자가 왔다.

"노무현 대통령 사망"

컴퓨터를 켜고 포털 뉴스를 보니 속보가 계속 올라왔다. 봉하마을에 있는 노 전 대통령이 뒷산에서 투신했고 병원으로 옮겨졌다는 것이다. 이명박 정부 검찰이 권양숙 여사와 가족들을 상대로 먼지털이식 수사를 벌이며 온갖 모욕을 주었고, 언론은 매일 수백 건의 기사를 쏟아냈다. 사진기자들이 뒷산 장군바위에 올라 대포망원렌즈 카메라로 관저를 24시간 감시했다. 진보 진영, 진보 언론은 물론이고 민주당 내부에서도 노 대통령의 비위 의혹을 공격하고 있었다.

사실 나는 2002년 대선에서 노무현 후보에게 투표하지 않았다. 당시 민주노동당 당원이었기 때문에 권영길 후보를 찍었지만 노무현의 경선 드라마와 대선 승리에 열광한 사람 중 하나였다. 평범하고 상식적이지만 그의 말은 마음을 흔드는 울림이 있었다. 국민을 믿었고, 진심으로 정치를 대했기 때문이다. 그는 한 번도 정의가 승리하지 못한 500년 역사에서 국민이 승리하는 역사를 만들기를 간절히

바랐다. 그렇지만 나도 다른 사람들처럼 이라크 파병을 비판했고, 언행의 경솔함에 실망했으며, 언론이 떠드는 비리 의혹에 혀를 찼다.

비보를 듣고 아무 생각이 나지 않았다. 종일 멍하니 있다가 대한문에 분향소가 차려졌다는 뉴스를 접하고 길을 나섰다. 대한문 주변은 의외로 차분했다. 시민들이 차린 분향소는 엉성했지만 사람들의 눈빛은 서슬이 퍼랬다. 국화꽃을 사서 줄을 서고 차례가 되어 절을 하고 나왔다. 통곡하는 사람들이 보였지만 눈물은 나오지 않았다. 10분도 안 되는 시간을 대한문에서 보내고 집으로 돌아왔다.

TV, 라디오 모든 프로그램이 추모 분위기였다. 봉하마을 분향소에 사람이 몰려 몇백 미터 줄을 섰다고 뉴스에 나왔다. 입맛이 없었지만 뭐라도 먹어야겠다고 생각했다. 밥에 물을 말아 김치 쪼가리를 얹어 입에 욱여넣었다. 그 순간, 나도 모르게 눈물이 터져 나왔다. 참아보려고 계속 숟가락질을 했는데 눈물이 물밥 그릇에 뚝뚝 떨어졌다. 그 후 일주일 동안 밥을 먹으면 자동반사처럼 눈물이 주체할 수 없이 흘렀다. 그래서 밥 약속도 하지 않았다. 왜 그렇게 눈물이 나왔는지 아직도 모르겠다.

눈물은 슬픔이나 기쁨의 감정이 표출되는 것인데 슬픔의 정체가 설명되지 않았다. '내가 이렇게까지 슬퍼할 일인가?' 사람은 감정적으로 결정하고, 이성으로 합리화한다는데 논리회로가 고장난 것 같았다. 시간이 지나면서 나의 감정을 인정하고 스스로에게 솔직해지기로 했다. "너는 노무현의 죽음에 책임감을 느끼기 때문에 슬픈 것이다", "네가 지켜주지 못했기 때문에 그가 죽음을 택할 수밖에 없었다", "아, 내가 노무현을 죽였구나."

시청 앞에서 열린 그의 추도식에 갔다. 슬퍼하는 수만 명의 사람을 보니 나의 슬픔은 보잘것없어 보였다. 용기가 나지 않아 근처 호프집에서 생맥주 두 잔을 연거푸 마시고 나왔다. 운구차가 지날 때, 노란 종이비행기를 던지며 외쳤다. "부디 그곳에서는 행복하세요." 그리고 마음속으로 한 번 더 외쳤다. "지켜주지 못해 죄송합니다. 이제부터 뭐라도 해볼게요."

죽은 자의 신념이 산 자를 일으켜 세우다

2025년 5월 23일, 서거 16주기 때 페이스북에 쓴 글

"저는 많이 부족한 사람입니다. 제가 대통령이 된 것은 제가 잘나서 된 것이 아닙니다. 새로운 정치, 새로운 시대를 요구하는 국민의 여망과 시대의 물결이 저를 대통령으로 만들었다고 생각합니다. 제가 대통령이 되고자 했던 것은 권력을 누리고 위세를 부리기 위한 것이 아니었습니다. 우

리 정치가 바뀌어야 나라가 발전하고 국민이 행복해질 수 있다는 신념에서였습니다. 제 자신이 정치인으로 성공하지 못하더라도 그 신념이 이루어진다면 더 이상 바랄 것이 없습니다."

– 노무현, 2003.10.13. 국회 시정연설 중

그가 바랐던 세상이 온다면 자신은 없을 것이라는 자조 섞인 말이 떠오릅니다. 그의 신념을 이루어내는 일은 남은 자들의 몫이었지요. 이성의 잣대를 댈 정신도 없이 그 일에 동참하기로 결정한 지도 16년이 흘렀네요.

진흙탕 속에서 나뒹굴던 정치를 품고 닦아 시민의 무기로 돌려준 그의 신념을 추앙합니다. 진정성 있는 신념이 국민의 마음을 움직일 때, 역사는 발전합니다. 죽은 자의 신념이 산 자를 일으켜 세워 스스로를 구할 길을 열었습니다.

시민주권과 이해찬과의 만남

7월 공무원 시험에서 보기 좋게 떨어졌다. 역시 공부와 경험이 부족했다. 1년 더 공부해야 하나, 다른 길을 가야 하나 선택의 기로에 서 있는 와중에 투명협에서 같이 일했던 선배에게서 연락이 왔다. 노무현 대통령 서거 이후 친노그룹에서 단체를 만들고 있는데 잠깐 도와달라고 했다. 국회 앞 금산빌딩에 있는 사무실에 가보니 성북구청에서 잠깐 일할 때 인연을 맺었던 김영배 전 행정관이 실무총괄을 하고 있었다. '시민주권'이라는 시민정치단체 출범식을 하는데 자원봉사자로 일했다.

63빌딩 컨벤션홀에서 창립행사를 하는데 그 큰 공간을 다 채울 정도로 전국에서 많은 사람이 모였다. 노 대통령 서거 이후 흩어졌던 친노 인사들의 정치적 결집체가 필요했던 것이다. 노무현 정부 청와대 출신과 국무위원, 각종 공공기관에서 일했던 사람들과 노사모 핵심 멤버들이 주축이었다. 이해찬, 한명숙 전 총리가 상임대표를, 김태년 전 의원이 사무총장을 맡았다. 그 뒤로도 간간이 시민주권 일을 도우러 사무실에 나왔다. 어차피 백수였고 공무원 시험 준비도 맥이 빠져 시간이 남아돌았다. 나를 끌어들였던 선배가 사무국장을 맡고 있었는데, 김영배 행정관이 출마하는 성북구청장 선거를 돕는다며 시민주권을 그만두었다. 선배가 나를 후임 사무국장으로 추천했고 이견 없이 통과되었다.

2010년 1월 1일자로 시민주권 사무국장으로 일하게 되었다. 유일하게 월급을 받는 상근자였다. 운영위원회 회의 준비와 회원 관리가 주 업무였다. 수입은 운영위원과 일반 회원들이 내는 회비였다. 사무실 임대료, 관리비와 사무국장 인건비를 제하면 거의 남지 않았다. CMS라는 시스템으로 회비가 계좌에서 자동이체 되었는데 내역을 살펴보니 계좌이체가 안 되는 불능 계좌가 많았다. 그런데도 계좌이체 시도 건수에 따라 수수료가 빠져나갔다. 조직 창립 초기에 급하게 회원을 모집하다 보니 계좌번호 입력에 착오가 생겼던 것이다. 불능계좌 회원들에게 일일이 전화를 걸어 계좌를 변경하거나 번호를 수정하여 회비 이체가 정상 작동하도록 하였다.

불필요한 수수료를 줄이고 회비 수입이 늘어나 상근자를 한 명 더 쓸 수 있을 정도가 되었다. 정윤재 선배가 제주 올레를 차용하여 '민주올레'라는 민주화운동 유적지 도보 프로그램을 제안했다. 3·1절 민주올레를 시작으로, 4·3 제주 민주올레, 4·19 민주올레, 5·18 광주민주올레, 6·10 민주올레까지 2010년 상반기 시민주권은 민주올레 사업으로 바쁘게 지나갔다. 민주올레에 참여했던 그들은 노무현의 죽음을 가슴에 안고 끊임없이 추도와 속죄의 길을 걷고 또 걸었다. 하반기에 통일운동가 이시우 선생님과 함께 '10·4선언 임진강 평화기행' 프로그램을 직접 만들어 큰 호응을 얻었다. 민주올레는 2011년을 끝으로 시민주권에서 더 이상 개최하지 않았지만 이후 다른 단체에서 비슷한 내용으로 진행하고 있다.

6·10 민주올레, 서울시청 별관 앞에서(2010.6.13.)

노무현 대통령 추모기념 사진전(2011.11.29.)

이해찬 총리는 노무현 정부의 실세 총리로서 노 대통령 서거 당시 가족장을 하겠다는 주장을 물리치고 국가장(國家葬)을 관철한 인물이다. 노 대통령과는 여섯 살 차이지만 13대 초선의원 시절부터 뜻을 함께한 동지적 관계이다. 이 총리는 카리스마 유형의 지도자였다. 운영위원회 회의를 하면 민감한 논쟁과 복잡한 현안들이 이 총리의 발언과 조정으로 정리되곤 했다. 높은 공직을 맡았던 인사들도 이 총리의 권위에 큰 불만을 갖지 않았다. 강압적, 비민주적 권위주의가 아니라 민주적 토론과 선후경중에 따른 합리적 판단에 근거한 카리스마였기 때문이다.

이해찬 총리는 민주올레 행사에 빠지지 않고 참석했다. 지금은 평상인처럼 도보를 많이 못 하시지만 그 당시에는 걷기를 많이 하셨다. 상반기 민주올레 행사 때는 별다른 말씀이 없었는데, 10·4 평화기행 행사를 마치고선 나에게 악수를 권하며 수고했다고 칭찬해주셨다. 사무국장인 나에게 처음으로 개인적으로 한 말씀이었다. 그 순간을 생각하면 지금도 기분이 좋아지고 미소가 지어진다. 이해찬이란 큰 인물에게 인정받았다는 생각에 자신감이 한 단계 업그레이드 되었다.

시민정치단체인 시민주권은 2010년 지방선거에 적극 참여
했다. 안희정, 이광재 운영위원이 충남도지사, 강원도지사
선거에 출마하여 당선되었다. 한명숙 전 총리가 서울시장
민주당 후보가 되어 오세훈 후보와 싸웠다. 당시 검찰은 유
력한 서울시장 후보였던 한명숙 총리를 뇌물죄로 기소하여
정치 여론전을 펼치고 있었다. 여론조사는 두 자릿수 차이
로 크게 진다는 것이었지만 결과는 0.6%p 차이의 아까운
석패였다. 비록 서울시장 선거에서 졌지만 노무현 추모 열
풍이 지방선거 판도를 바꾸었고, 이후 선거에도 영향을 미
쳤다.

지방선거에서 민주당이 약진하면서 2년 후인 2012년
대선에서 정권교체 분위기가 무르익기 시작했다. 그 시작은
문성근 배우의 '백만 송이 국민의 명령' 이었다. 야권통합을
이뤄 정권을 교체하라는 백만 명의 국민의 뜻을 모으겠다는
대중정치운동이었다. 이해찬 상임대표는 처음에는 냉소적
이었다. 당시 민주당, 친노그룹, 통합진보당으로 분열된 야
권이 뭉치지 않으면 정권교체는 어렵다는 것은 모두 알고
있었다. 백낙청, 김상근 같은 원로분들이 민주원탁회의를
만들어 야권통합 논의를 시작했지만 속도가 나지 않았다.

이해찬 상임대표는 문성근 배우의 열정과 국민의 염원을 보고 시민주권도 야권통합 운동에 합류하기로 하였다. 2012년 4월에 있을 19대 총선과 12월 대선 일정을 고려하여 개문발차하기로 결정하고 2011년 9월 '혁신과통합'을 결성하였다. 혁신과통합은 시민주권, 국민의명령, 희망과대안, 통합진보당 탈당파가 결합했다. 나는 혁신과통합 사무국에 파견되어 상근자로 일했다. 민언련 출신의 최민희 의원이 사무총장을 맡았고, 지금은 민주당의 국장으로 성장한 많은 실무자와 함께 일했다.

민주당과 통합을 위해 혁신과통합은 가설정당인 시민통합당을 창당했다. 12월 7일 강남에 있는 쿤스트할레라는 곳에서 오후에 창당대회를 했는데, 민주당과 통합 협상이 오전까지도 타결되지 않았다. 창당대회 직전에 극적으로 이해찬 상임대표와 손학규 민주당 대표가 통합 조건에 합의하여 통합절차를 진행할 수 있었다.

12월 16일 창당한 민주통합당에는 민주당, 시민통합당(혁신과통합), 한국노총이 합류하였다. 초대 지도부는 대의원 30%, 당원+일반여론조사 70%로 선출하기로 하였다. 당원주권주의를 실현한 최초의 정당혁신이었다. 민주당과 시민통합당이 중앙위원, 대의원 비율을 5 대 5로 나누고, 당헌 개정 등 많은 부분에서 민주당의 양보가 있었다. 2007년 대선 출마 때 이미지가 안 좋았는데, 당내 반발을 무릎 쓰고 야권통합에 결단을 내려준 손학규 대표에게 모두가 환호했다.

민주통합당 출범은 2007년 대선 대패, 2008년 총선 대패 이후 침체된 민주진보 진영이 힘을 합쳐 다시 일어나 보수기득권 정당과 맞서는 일대 계기였다. 비록 2012년 총선에서 기대에 못미치는 결과를 얻었고 대선에서도 패배했지만, 통합 이후 민주당 내 진보혁신 성향이 강화되었고 당원과 국민의 참여를 늘리는 방향으로 정당혁신의 발판을 마련했다.

통합 이후 민주통합당 당직자로 들어갈 수 있는 기회가 있었다. 길게 고민하지 않고 시민주권 잔류를 선택했다. 당직자로 들어가면 뭔가 덜 자유로울 것 같았고, 무엇보다 이해찬 총리님이 그대로 계신데 시민주권을 꾸려갈 사람이 없었다. 4개월 후 이 총리님의 세종시 출마와 당선으로 시민주권을 떠나게 되었지만, 그 선택을 후회하지 않는다.

2

거인의 어깨에 올라

이해찬, 민주당의 백본(backbone)

이해찬 전 국무총리, 전 민주당 대표의 이력을 간략하게 정리해본다.

36세였던 이해찬은 1988년 서울 관악구에서 김수한 전 국회의장, 김종인 의원(비례)을 이기고 13대 국회의원에 당선되었다. 광주청문회 위원으로 5·18의 진실이 세상에 밝혀지는 데 기여하였고, 노무현, 이상수 의원과 노동위 삼총사로 큰 활약을 하였다. 재선의원이었던 1995년도 민선1기 서울시장 선거에서 조순 후보 선대본부장을 맡아 승리했고 첫 민선 정무부시장을 맡았다. 1997년 김대중 대선캠프에서 기획본부장을 맡아 정권교체에 기여했다. 첫 내각 인선에서 교육부 장관에 임명, 대입제도를 대폭 개편하면서 '이해찬 세대'라는 조어가 나왔다.

2002년 대선에서 노무현 후보를 도와 정권 재창출에 기여했고, 2005년 노무현 정부 두 번째 국무총리에 임명되었다. 실세총리, 책임총리라는 별칭이 붙을 정도로 많은 권한을 위임받았다. 이때 나이 53세였다. 2007년 대선 경선에 출마하여 유시민, 한명숙 후보와 단일화를 이뤘으나, 정동영 후보에 패배하였다. 대선 패배 이후 18대 총선에 불출마하였고, 재단법인 광장을 설립 운영하였다. 2009년 노무현 대통령 서거 후, 시민정치단체 시민주권을 설립하였고, 2011년 야권통합운동단체 '혁신과통합'을 결성해, 그해 말 민주당과 통합에 성공해 민주통합당을 만들었다.

19대 총선, 세종시에 출마해 심대평 자유선진당 대표를 꺾고 국회로 돌아왔다. 한명숙 대표에 이어 2대 민주통합당 대표가 되었으나, 문재인-안철수 후보 단일화를 위해 11월에 당대표를 사퇴했다. 2016년 20대 총선에서 김종인 비대위원장 체제에서 공천 컷오프되었지만 무소속으로 출마하여 당선되었다(7선). 그해 9월 추미애 당대표는 이해찬 의원의 복당을 승인하였다.

2018년 8월 전당대회에 출마해 더불어민주당 제3대 당대표에 취임하여 플랫폼 정당, 온라인 정당 혁신을 추진했다. 제21대 총선 불출마를 선언한 이해찬 당대표는 역대 최대인 180석 당선이라는 대승을 이끌었다. 2020년 8월 당대표 임기를 마치고 정계은퇴를 선언했다. 현재 당 상임 고문을 맡고 있다. 지난 2024년 22대 총선에서 이재명 대 표 요청으로 상임선대위원장을 맡아 175석이라는 또 한 번 의 대승을 이끌었다. 윤석열 탄핵 후 대선에 승리한 이재명 대통령은 이 총리를 장관급인 민주평통 수석부의장에 임명 했다.

이해찬의 비서관이 되다

이분을 만난 건 아내를 만난 것 다음으로 내 인생에 가장 큰 행운이었다. 2010년 1월 시민주권 사무국장으로 일하며 처음 보스로 모셨는데, 대화를 나눈 건 열 달이 지난 11월이 되어서였다. 그 정도로 범접하기 어려운 존재였다. 시민주 권에서 2년, 19대, 20대 국회에서 7년, 도합 9년을 이해찬 총리 밑에서 일하며 정치를 배웠다. 이 총리는 19대 총선에 출마할 생각이 없었는데 새로 생기는 세종시에 이해찬 의 원이 출마할 것을 요청하는 인사들이 매일 찾아왔다. 당에 서 여론조사를 돌렸는데 상대 후보인 심대평을 꺾을 사람 은 이해찬밖에 없다고 한명숙 당대표가 간곡히 요청했다.

후보 등록 3일인가 앞두고 출마를 선언했다. 시민주권에서 나와 정진경이 세종시로 급파되었다. 기존에 이 총리를 보좌했던 비서진들이 짧은 시간에 캠프를 구성했다. 나는 후보 수행과 SNS를 맡았다. 2012년 당시만 해도 SNS는 트위터밖에 없었는데 그걸 다룰 줄 아는 사람이 불행히도 나밖에 없었다. 후보를 수행하면서 근접에서 사진을 찍고 바로바로 트위터에 후보 동향을 업로드했다. 세종시는 물론 캠프에 트위터를 하는 사람은 한 손가락으로 셀 정도였다. 나쁜 점은 팔로어, 리트윗이 잘 안 된다는 점이고, 좋은 점은 보는 사람이 없으니 내 맘대로 할 수 있다는 것이었다. 비서의 지위를 십분 활용해 전국의 트위터들과 소통하고 아주 가끔 전투도 치렀다.

선거의 신(神)답게 이 총리는 짧은 준비 기간임에도 심대평 후보를 여유 있게 꺾고 당선되었다. 서울로 올라와 다시 시민주권에서 일하고 있는데 한대희 선배가 재단법인 광장 사무실로 나를 불렀다. 이 총리도 같이 있었는데, 직접 "의원실 5급으로 등록할래?"라고 물었다. 순간 무슨 뜻인지 이해가 안 돼 멍하니 있다가 "생각해보고 말씀드리겠습니다"라고 답하고 나왔다.

나중에 한대희 선배가 다시 부르더니 "총리님이 직접 같이 일하자고 하는데 바로 고맙습니다 해야지, 생각해보겠습니다가 뭐냐? 바보냐?"라며 핀잔을 주었다. 그런가? 나는 민주통합당 출범할 때, 당직자로 갈 기회가 있을 때도 거절했던 것처럼 시민주권에 대한 책임감을 느꼈다. 그런데 민주통합당 출범과 총선으로 이 총리님을 비롯한 시민주권 주요 멤버들이 국회에 입성하게 되어 시민주권의 임무가 상당 부분 달성되었다는 인식이 있었다. 시민주권 업무를 같이 있던 간사에게 인계인수하고, 국회 비서관으로 등록하였다. 지금까지도 나는 이 총리님이 직접 픽한 사람이라는 자부심이 남아 있다.

회의에서는 본인이 말씀하시기보다 다른 사람들의 의견을 많이 듣는 편이었다. 발언은 많지 않았지만 논점을 정확하게 짚어서 정리하는 능력이 탁월했다. 회의는 이 총리님이 마지막에 논점을 정리하고 대안을 제안하면 참가자들이 동의하는 패턴이었다. 사적인 자리에서는 또 다른 분위기였다. 식사 자리에서 반주가 한 순배쯤 돌면 이 총리님의 무용담이 흘러나오는데 그렇게 재미있을 수가 없다. 특히 1980년대 재야운동과 1987년 6월 항쟁, 초선의원 시절의 에피소드들이 가장 기억에 남는다. 이 총리님은 달변가는 아니지만 단순명료한 논리로 소인수 자리에서 논의를 주도하고 설득하는 능력이 탁월하다.

중진의원이 많이 배치되는 외교통일위원회에서 외교

문제, 남북관계, 한반도 평화 분야를 중심으로 정책보좌와 홍보 업무를 맡았다. 특히 재일민단이 국세청에 등록도 하지 않은 임의단체로 활동하며 수십 년간 매년 80억 원의 국가보조금을 수령하고 방만하게 운영돼 온 문제를 지적하여 정상화를 이끌어낸 것이 기억에 남는다. 2014년 고려인 이주 150주년 기념사업을 도맡아 러시아 블라디보스토크에서 국제회의를 기획, 조직, 집행한 경험은, 말 그대로 생고생 끝에 치러낸 일이라 지금도 잊을 수가 없다. 이 자리를 빌어 당시 큰 도움을 주셨던 문정인 교수님께 고개 숙여 감사드린다.

20대 국회에서는 전반기 국토교통위원회에서 활동하며 두 가지 공적을 세웠다. 2007년 공공기관 지방 이전이 시행된 이후에 신규로 수도권에 공공기관이 100개 넘게 설치된 것을 발견하여 제2공공기관 지방 이전 문제를 공론화시켰다. 또한 이명박 정권 시기, 늘어난 민자 고속도로의 과도한 통행료의 구조적 문제점을 지적하였고 민자 사업이었던 서울세종고속도로를 재정사업으로 돌리는 데 성공하였다. 이후 문재인 정부는 민자 고속도로 운영을 재구조화하여 높은 통행료를 낮추도록 하였다. 인천공항고속도로와 인천대교 통행료 인하도 그 연장선상에서 진행되었으니 나도 조금의 공헌을 한 셈이다. 짧은 기간이었지만 내가 발굴한

의제가 전국적으로 공론화되고 실제 정책으로 반영되는 효
능감을 맛보았다.

퍼블릭 마인드와 진실한 마음

이 총리님의 장점을 하나만 꼽으라면 '공사 구분'이라고 말
하겠다. 이분은 지위고하를 막론하고 선출직 공직자를 항상
존중한다. 지방선거 전에 이름을 부르며 편하게 지내던 사
람이 시의원에 당선되자, 곧바로 '의원님'으로 호칭을 바꿔
부른다. 장난인 줄 알았는데 진지한 표정에 상대방도 당황
할 정도였다. 공직자의 기본태도 즉, 퍼블릭 마인드(Public
Mind)를 강조하시는데 그 핵심이 공사 구분이다. 공직비리
의 원인을 들여다보면 대개 공사 구분을 못한 데에서 찾을
수 있다. 공직에서 일을 처리할 때 사적인 관계나 감정을 개
입시키지 말고 오직 공익과 국민의 입장에서 실천해야 한다.
　퍼블릭 마인드를 갖춘 공직자는 진실할 수밖에 없다.
나에게 이익이 안 되는 공익적인 일을 하려면 마음에서 우
러나오지 않으면 안 된다. 그래서 이 총리님이 강조하는 것
이 진실한 마음, 성실한 자세, 절실한 태도이다. 이를 줄여
'3실'이라고 부른다. 이 총리님은 이 3실만 지키면 선거에서
절대 떨어지지 않는다고 하셨다. 3실 정신은 보좌진으로서,

공직자를 꿈꾸는 사람으로서 지금까지 가슴에 품고 있는 가치관이다.

　　이재명 대통령께서 실용주의를 표방하는데 이 총리님이 원조라고 말할 수 있다. 그는 박정희 독재와 싸울 때인 1978년에 서울대 앞에 광장서적을 열었다. 그의 나이 27세 때였다. 민주화운동을 하려면 돈이 필요한데 다들 돈 만들 생각을 안 하길래 책방을 열고 고시 서적을 팔아 자금을 만들었다고 한다. 초선의원 시절 보좌진을 5명밖에 쓰지 못하자, 곰탕집을 열어 그 수입으로 보좌진을 최대 20명까지 썼다. 대부분 서울대 운동권 후배들이었는데 똑똑한 비서관을 20명이나 두었으니, 광주청문회나 노동위원회 활동 내용이 다른 의원들에 비해 탁월할 수밖에 없었다.

　　제일 압권은 1987년 6월 항쟁 때였다. 민주헌법쟁취범국민본부에서 중요한 역할을 맡고 있던 이해찬은 서울 경찰 전경대의 규모를 파악해 경력을 분산시킬 작전을 짰다. 서울 시내 집회를 여러 곳에서 동시다발로 하고 같은 시간대에 지방 주요 도시도 집회를 신고하도록 한 것이다. 그 결과 지방 경력이 서울로 지원을 오지 못했고, 서울의 전경들도 여러 곳에 분산 배치되어 적은 수로 시위를 막다 보니 역부족이었다. 최루탄으로 버티다 이마저도 바닥이 나 버리자 쪽수로 밀린 전경들이 시청 분수대로 뛰어들며 항복했

의원실 직원들과 베트남 여행에서 이해찬 대표님과 함께(2014.1.)

다. 경찰 물리력이 한계에 이르자 정권은 계엄 선포를 검토했는데 미국 쪽에서 '1980년의 광주를 서울에서 재현할 수 없다'며 적극적으로 만류했다고 한다.

이 총리님은 민주당의 백본(Backbone), 즉 민주당의 중심 줄기, 등뼈라고 생각한다. 그가 현재의 민주당을 만든 정통 정치인이기 때문이다. 그는 1987년 대선 패배 후, 김대중을 돕겠다며 평화민주당에 입당했다. 그때 평화민주연대(평민연)라는 재야운동 그룹이 집단 입당했는데, 처음에 소수파였던 그 그룹은 30년을 지나오면서 당의 주류가 되었다. 당내에서 끈기 있게 노선 투쟁을 하고, 선거에 승리하며 민주당을 발전시켜 왔다. 그는 문재인을 대선에 나오게 한 장본인이었고, 이재명의 진가를 일찍이 알고 당내 구심점 역할을 했다.

한때는 친노 좌장, 한때는 친문 좌장, 지금은 이재명의 최대 후원자로 불린다. 그러나 정작 본인은 "나는 김대중의 사람이다"라고 말한다. 당에 들어와 DJ로부터 정치를 배웠고 그의 성품과 초인간적인 능력을 흠모하고 존경했다. 김대중-노무현-문재인-이재명으로 이어지는 민주당의 등뼈를 만들고 휘어지지 않게 중심을 잡아준 사람이 바로 이해찬이다.

3

이탄희, 청년의 양심을 간직한 정치인

노동자 목숨값에 분노하다

2019년 해양수산부 장관 정책보좌관에 임명되고, 만 2년째 세종에서 근무하고 있을 때, 다시 여의도로 돌아가야겠다고 생각했다. 학자 출신으로 해수부 장관으로 오신 문성혁 장관님은 3년차가 되면서 부처 운영에 안정감이 생기고 정무 감각도 좋아지셨다. 장관 보좌관으로 있는 동안 해수부 예산 총액을 전체 평균증가율 이상으로 올리고, IMO 대표부 설치라는 숙원 사업 해결에 역할을 하여 밥값은 했다고 생각했다. 무엇보다 매너리즘에 빠지는 게 느껴졌다. 또다른 자극과 도전이 필요했고, 그 목표는 2022년 대선이었다. 2021년 4월, 마침 이탄희 의원실에서 보좌관을 구하고 있어 이력서를 보냈다.

이탄희는 2017년 2월 법원행정처 기획조정심의관으로 발령받아 법관 뒷조사 문건 작성 및 국제인권법연구회 와해정책 추진 지시에 반발하여 사직서를 제출하며 양승태 대법원장의 사법농단 의혹을 제기해 주목을 받았다. 21대 총선을 앞두고 사법개혁을 책임질 법관 출신 인사라는 명분으로 더불어민주당의 제10호 영입 인재가 되었고, 용인시정 지역구에 출마해 21대 국회의원으로 당선되었다. 서울대 법대를 나와 사법고시에 합격하고 하버드 로스쿨 석사학위를 받을 정도로 매우 명석한 엘리트 법조인이다.

이탄희 의원과의 첫 만남은 보좌관 면접이었다. 그런데 매우 독특했다. 통상 의원 면접은 한 번 만나서 길어야 30분 정도 얘기하고 끝나는데, 이 의원과는 3번을 만나 총 5시간 정도 얘기를 나누었다. 밥 먹고 차 마시고 산책하면서 이런저런 얘기 편하게 하자고 했지만 구직자로서 면접의 연장으로 생각할 수밖에 없었다. 세 번째 만남 이후 이틀이 지나도 기별이 없자 포기하는 심정으로 의원에게 채용 여부를 몰라 다른 데를 알아볼 수 있으니 답을 달라고 문자를 보냈다. 다음 날 아침 장문의 문자가 왔다. 자기가 하고싶은 정치는 이러한데 같이 했으면 좋겠고, 다른 부분은 앞으로 맞춰가자는 취지였다. 결론은 합격.

7선의 중진의원실에만 오래 있어봐서 초선의원실은 긴장이 많이 되었다. 게다가 주목받는 의원 아닌가. 이 의원은 이해찬 의원실 출신을 스카웃해 왔다고 주변에 자랑했다. (그럴 거면 빨리 좀 뽑지. 왜 사람 애간장을 태웠는지.)

5월에 출근했을 당시 평택항에서 일용직 청년노동자 이선호 씨가 사망한 사건이 일어났다. 이탄희 의원은 산재 사망사고가 터지면 가장 먼저 현장에 달려간 국회의원이었다. 태안화력발전소 故 김용균 씨 사망사고 때, 현장을 보고 안전조치를 안 한 사업주에 대한 솜방망이 처벌에 분노했다. 산재사망사고에 대한 사업자 처벌 통계를 받아보니 사망자 1인당 평균 벌금액은 450만 원이 전부였다. 노동자의 목숨값이 450만 원밖에 안 되다니 후진국형 산재, 사법 시스템이었다. 전년도에 제정된 중대재해처벌법이 여야 합의 때문에 누더기가 되었다며 더 강력한 개정안을 발의했다.

그는 한 걸음 더 나아가 이 문제를 공론화하기 위해 모의법정을 해보자고 했다. 자신이 발의한 중대재해처벌법 개정안이 통과된다면 이전의 산재사망사고에서 사업주 처벌이 어떻게 나올까를 보여주자는 것이다. 모의법정은 법과대학에서 발표용으로 하는 거라 생각해 기획안을 만들었다. 그러나 그는 보여주기 이벤트가 아닌 실제 사람들의 마음을 움직일 수 있는 연극을 만들고 싶어했다. '산재 시민법정'이라고 이름을 정하고 프로젝트가 시작됐다.

　　전문 연극배우와 세트를 구하려면 비용이 적잖이 필요했지만 의원실 예산은 빠듯했다. 연극하는 학교 후배를 설득해 알바 비용으로 배우를 섭외하고 단역은 대학생 자원봉사자를 모았다. 운 좋게도 서울대 로스쿨생의 도움으로 서울대 모의법정을 사용할 수 있게 되었다. 재판 사건은 2016년 지하철 2호선 구의역에서 일하다 숨진 김군 사건으로 정했다. 시나리오가 문제였다. 한 시간 가까운 연극의 대본을 써야 하는데 없는 살림에 작가를 섭외할 수 없었고 시간도 촉박했다. 결국 내가 시나리오 작가로 빙의해 투혼을 발휘했다.

　　우여곡절 끝에 7월 2일 막을 올리고 큰 사고 없이 산재 시민법정을 마쳤다. 그때 페이스북에는 이렇게 쓰여 있다. "뼈와 살을 갈아넣은 프로젝트, 드디어 끝났다!" 나와 비서관 한 명도 단역으로 출연했다. 연출을 맡았던 후배가 인사하면서 울컥했는데 감격해서인지, 힘들어서인지 모르겠다. 힘든 여건에서도 잘 해보려고 애를 많이 썼다. 나중에 소고기 사준다고 했는데 아직 약속을 못 지켰다.

　　사업장에서 노동자의 죽음에 대한 이탄희 의원의 열정은 계속되었다. 모의법정 준비가 한창인 6월 26일 서울대에서 여성 청소노동자 한 분이 사망하는 사고가 발생했다. 이 의원은 환경노동위원이 아니었지만 사고경위를 청취하겠다고 서울대로 달려갔다. 한국 최고의 학부라는 서울대에서 일하는 청소노동자의 현실은 서글펐다. 너무 무거워서 잘 쓰지 않는 100리터짜리 쓰레기봉투를 끌고 엘리베이터 없는 5층 기숙사 건물을 오르내렸다. 관리자는 일하는 건물의 한자와 영어명을 쓰는 필기시험을 보게 하고 공개하여 망신을 주었다. 이재명 경기지사가 추모 공간을 찾아 청소노동자로 지내다 과로로 숨진 여동생을 떠올리며 눈물을 흘렸다.

4개의 CPU를 가진 사람

이탄희 의원은 나에 대한 기대가 컸지만 나는 기대만큼 역량을 발휘하지 못했다. 그는 마치 4개의 CPU를 가진 사람 같았다. 의제를 발굴하면 끝까지 파고 들어가 본질을 찾고자 했으며, 다른 이슈가 생기면 멀티플레이를 버퍼링 없이 수행했다. 만나는 사람마다 가벼이 대하지 않고 진심을 다했다. 그 한 사람은 이탄희라는 정치인을 신뢰하고 지지하겠지만 앞으로 수많은 사람을 만나야 할텐데 저런 식으로 만나고 관계를 맺으면 언젠가 한계가 올 것 같았다.

CPU가 한 개뿐인 나는 매우 벅찼다. 야근을 한다고 해결될 문제가 아니었다. 의원에게 솔직하게 한계를 말하고 싶었지만 자존심으로 '하루만 더'를 외쳤다. 그러는 사이 대선 경선이 시작되었다. 이 의원이 이재명 후보에 대한 지지 의사를 명확히 밝히지 않은 상황이었지만 나는 이재명 경선 캠프 파견을 요청했다. 단, 의원실 업무를 완전히 손에서 놓지 않는 조건이었다. 경선 캠프에서는 핫이슈였던 대장동 사건 대응팀에서 활동했다.

이재명 후보가 경선에서 승리하고 캠프가 당의 중앙캠프로 전환되었다. 나는 전략본부에서 신속대응팀 선임팀장을 맡아 실시간 모니터링 업무를 총괄했다. 20명의 팀원을 지휘하며 하루 5번의 보고서를 만들어 올렸다. 전략본부장이었던 강훈식 의원이 신속대응팀 리포트를 이재명 후보가 여러 차례 언급했다며 격려해주었다. 더 이상 의원실 업무를 병행할 수 없었고, 이 의원의 입장을 고려하여 의원실을 나와 대선캠프에 올인했다.

7개월의 짧은 여정이었지만 4년 임기를 채운 듯한 강도의 기간이었다. 그 뒤로 이 의원과 식사를 한 번 했다. 21대 남은 임기 동안 의원실을 어떻게 운영할지 고민이 깊었다. 말은 안 했지만 22대 총선에 대한 미련이 없어 보였다. 결국 총선 불출마를 선언했다. 선거제도 개혁을 명분으로 내세웠지만 그의 말과 표정에 피로감이 묻어 있었다.

이탄희 의원의 인지도는 초선의원 중에서 단연 선두였

고, 전체 의원 중에서도 탑텐급이었다. 언론에서 차기 대선 후보감으로도 언급되었다. 깔끔하고 스마트한 이미지, 불의에 타협하지 않는 용기, 진심이 우러나는 연설, 대중이 환호할 만한 정치인 상이다. 그가 22대 총선에 출마했다면 당선됐을 것이고, 윤석열의 파시즘과 엘리트주의에 분노하고 앞장서 싸웠을 것이다. 참, 그는 이준석을 꼼짝 못 하게 할 수 있는 몇 안 되는 정치인이다. 라디오 시사프로그램 진행을 맡았으면 잘했을 거라는 생각도 들었다. 여러 가지 이유로 여의도를 떠난 그의 퇴장은 아쉬움이 남는다.

4

이해식, 닮고 싶은 롤모델

이해찬 계보가 된 사연

이해식 의원님과의 인연은 2018년 여름으로 거슬러 올라간
다. 추미애 당대표의 임기가 끝나가면서 전당대회 일정이
8월 25일로 정해졌다. 차기 당대표의 임기는 2020년 8월까
지로 2020년 21대 총선 승리라는 막중한 책무를 부여받는
다. 김진표 의원과 송영길 의원이 출마를 선언했고, 이해찬
의원에 대한 출마 여론이 고조되었다. 이 총리님의 첫 번째
보좌관이었던 유시민 작가는 민주당의 총선 승리를 위해
이해찬을 당대표로 만들어 골수까지 빼먹어야 한다고 말했
다. 이해찬 의원은 몇 번의 고사 끝에 후보 등록을 며칠 안
남기고 출마를 결심했다.

그때 이해찬을 돕기 위해 기초자치단체장 출신 인사들이 자리를 만들었다. 김영배 전 성북구청장이 주도한 모임에 이해식 전 강동구청장도 있었다. 전국자치분권민주지도자회의(KDLC)의 주축 멤버들이었다. 당시 이해식 의원은 2018년 강동구청장을 3선까지 마치고 차기 총선을 준비하고 있었다. 이 총리는 그 자리에서 이해식 의원에게 캠프 대변인을 제안했다. 오랜 정치행정 경험에다 깔끔한 마스크, 중후한 목소리를 갖추었기 때문이다. 이해식 의원으로선 대변인 경험도 없는데다 갑작스러웠지만 7선의 이해찬 의원이 면전에서 제안하는데 거절하기 힘들었다고 한다.

다음 날 국회 정론관에서 출마 기자회견이 있었다. 이해식 대변인에게 연락해 기자회견 할 때 옆에 서 계시라고 했다. 당시 사진을 찾아보면 이해식 대변인만 옆에 서서 투샷이 찍혀 있다. 기자들이 저 잘생긴 중년 남자가 누구냐며 물었다. 당대표 당선 후에도 이해식 의원은 원외 대변인으로 임명되어 활약했다. 자연스럽게 이해찬 계보가 되었다. 기자들 사이에서 인기도 많았다. 늘 친절했고, 당대표와 소통이 원활하여 밤늦게라도 기자들의 질문에 답해주었다.

21대 총선에 강동구을에 출마했다. 경선 상대는 현역인 심재권 의원이었는데, 3선 구청장을 하며 바닥을 다져왔고, 당대표의 측근인 이해식을 이길 수 없었다. 그렇게 그는

2018년 이해찬 당대표 출마 기자회견에서 함께한 이해식
대변인(2018.7.21.)

국회의원이 되었고 나와의 인연은 2년 뒤 2022년에 다시 이어졌다. 8월 전당대회에서 이재명 당대표 체제가 출범하고 조정식 사무총장 등 주변의 추천으로 비서실 국장으로 일하게 되었다. 임기는 이재명 당대표 임기와 동일했다. 그해 말 전당대회 돈봉투 사건이 불거지면서 장경태 최고위원을 위원장으로 하는 당혁신위원회가 떴다. 나는 자원하여 전문위원이 되었고, 이해식 의원을 혁신위원으로 만났다.

이해식 의원은 정당혁신분과 분과장이 되었고, 나는 전문위원으로 분과회의 자료준비를 담당하였다. 약 3개월 동안 매주 토요일마다 회의와 토론을 하며 정당혁신과제를 정리하였다. 이때 정당의 본질, 민주당의 대표체제, 공천제도, 인재양성 방안에 대해 공부하고 고민하며 나름의 입론을 세울 수 있었다. 내가 만든 초안들이 토론을 거쳐 과제로 정리되는 과정이 지난하고 힘들었지만 보람이 있었다. 나의 의지를 관철하고 변화시키기 위해서는 권력이 필요하다는 생각을 처음 갖기도 했다.

혁신위원회 활동을 같이 하면서 좋게 보셨는지, 22대 총선이 끝나고 내 임기가 3개월 정도 남았을 때, 이해식 의원이 같이 일해보자고 제안을 하셨다. 웬만하면 보좌관으로 다시 갈 생각이 없던 터였지만 이해식 의원이라면 같이 일할 가치가 있다고 생각해 수락했다. 그렇게 3번째 인연이 이어졌다.

성실함의 대가

이해식 의원의 최대 장점은 성실함과 꾸준함이다. 머리가
아무리 좋아도 손발 부지런한 것 못 이긴다고 하는데 딱 이
해식 의원에게 맞는 말이다. 당 수석대변인을 맡아 매주 이
틀, 하루 2~3회씩 논평을 내고, 대변인단을 관리한다. 매주
2~3회 정도 민주당 출입 기자단과 그룹별로 오찬 간담회를
한다. 본회의는 출석율 100%이고, 상임위원회도 부득이한
상황이 아니면 출석하여 주질의와 추가질의, 보충질의까지
가장 많은 질의를 한다. 준비한 질의서 내용 중 아주 쓰기
어려운 것 빼고는 짧게라도 다 발언을 하기 때문이다. 재선
의원이 흐트러짐 없는 자세로 끝까지 회의장에 남아 질의
를 하니 다른 의원실 보좌진들에게 농담 섞인 항의를 받는
다. 이렇게 하시면 우리들도 질의 꼭지를 많이 만들 수밖에
없다고, 제발 그러지 말자고.

지역구 관리는 어찌나 꼼꼼한지. 매주 금요일 오후 현
장민원실을 운영하고, 토요일 아침 당원들과 동네 청소를
한다. 매달 80~100명이 참여하는 상무위원회에서 당원들
에게 의정보고와 지역활동보고를 한다. 주말에 지역행사 참

석은 기본이고 아침 야유회나 워크숍 가는 단체버스 인사도 빼먹지 않는다. 체력 보강을 위해 틈틈이 헬스장도 다닌다.

지역구가 녹록하지 않은 상황이라 긴장을 늦출 수 없다지만 이 정도의 스케줄을 나는 감당하지 못할 것 같다. 이렇게 의정활동과 지역활동을 하는데 재선이 안 된다면 많은 정치인이 자괴감을 느끼고 도망갈지도 모른다. 이런 모습은 국민과 국가에 대한 봉사심이 진심에서 우러나오지 않는다면 지속 가능할 수가 없다.

이해식 의원은 31세에 강동구 기초의원으로 시작하여 서울시의원, 구청장을 거치면서 지방자치단체 활동 20년의 경험을 갖고 있다. 동네 현장에서 질문을 찾고 답을 구하는 정치행정을 실천해 왔다. 자치단체장 출신 국회의원은 지방행정 메커니즘을 잘 알기 때문에 중앙집중적 행정체제에 비판적이다. 중앙재정과 지방재정 비율이 8대 2인데, 중앙정부는 보조금과 규칙, 평가제도를 고리로 지방정부에 관행적으로 갑질을 하고 있다. 중앙정부나, 지방정부나 너무 오래되고 보편화되어 갑질인지 인식하지도 못하고 부당하다는 생각도 풍화되었다.

나는 메시지 작성, 정책질의서 작성, SNS 홍보까지 멀티플레이를 했다. 이해식 의원은 특히 유튜브와 SNS 홍보에 신경을 많이 썼다. 김성회 의원을 의원실로 초대하여 직원들

이해식 의원 집무실에서

이해식 국정기획위 정치행정분과장으로부터 표창장을 받다.
(2025.8.14.)

과 SNS 강의를 듣기도 했다. 페이스북과 엑스는 비서진에 맡기지 않고 직접 작성하여 올린다. 매주 목요일 밤 유튜브 정기방송을 라이브로 송출했다. 내가 총괄을 맡아 방송 자료, 대본을 작성하고 참고자료를 준비했다. 그는 국민의 대리인으로서 더 많은 국민에게 의정활동과 정치현안을 알리기 위해 유튜브를 잘 활용해야 한다는 신념이 있었다. 예능보다는 진지모드 쪽에 가깝지만 보다 보면 은근히 매력이 있다. 이 책을 읽는 분들께 꼭 '구독'과 '좋아요'를 부탁드린다.

이해식 의원은 이부영 의원 보좌관 출신으로 잠시 한나라당에 있기도 했지만 열린우리당부터 20년 넘게 민주당을 지키고 있다. 이해찬 당대표가 기획한 '민주평화광장' 결성에 참여하여 대선 경선에서 이재명 경기지사를 지원하였다. 이재명 당대표 1기 때 수석대변인, 2기 때 비서실장을 맡아 신(新)친명계로 분류되었다. 대선 경선 때도 후보 비서실장에 임명되었고, 본선에서도 비서실장으로 활동할 정도로 이재명 대표의 신임이 두터웠다.

이해식 의원실에 있었던 15개월 동안 후반기 절반은 윤석열의 비상계엄과 탄핵, 대선이 차지했다. 전반기에도 한 달에 한 번꼴로 윤석열 정부 규탄 집회가 있었다. 원내와 장외투쟁을 병행했던 시기, 국회의원은 극한 직업이 따로 없었다.

윤석열 탄핵 후 열린 대선에서 나는 이재명 캠프 전략

본부 소속으로 제1정무실에 파견되어 일했다. 김영진 의원을 실장으로 모시고 후보 리스크 요인을 분석하고 후보의 연설, 워딩을 모니터링하고 개선사항을 건의했다.

이해식 의원은 대통령 당선 후에도 국정기획위원회 정치행정분과장에 임명되어 검찰개혁, 정부개혁, 지방분권, 균형발전 국정과제를 도맡았다. 나는 행정위원으로 들어가 이 의원을 보좌하였다. 여러 부처에서 파견 나온 공무원과 민간위원이 두 달 동안 갇혀(?) 공약을 기반으로 국정과제와 실천과제를 정리하였다. 정치행정분과는 검찰과 법무부, 경찰, 감사원 같은 사정기관이 포함돼 언론의 주목을 받았다.

이해식 의원은 국정기획위에서도 특유의 성실함과 매너로 사람들의 호감을 샀다. 전원이 참여하는 분과회의에서 운영위에서 나왔던 얘기들을 설명하며 전체 흐름을 공유하고 직원들의 보고나 건의사항을 꼼꼼하게 경청하였다. 직원들과 가장 밥을 많이 먹고, 야근을 가장 많이 한 분과장이었다. 월화수목금금금… 힘든 여정에도 파견 직원 중 한 명도 이탈하거나 복귀하지 않을 정도로 분위기가 최상이었다.

내가 지방선거 출마 의사를 비쳤을 때, 이 의원은 적극 지지해주었다. 특히 기초단체장 경험은 앞으로 정치를 할 때 큰 도움이 된다고 꼭 해보라고 했다. 이해식 의원은 내가 선출직이 되었을 때, 닮고 싶은 롤모델로 떠올리는 사람이다.

5

이제부터 덤으로 사는 인생

비상계엄이 국회 의결로 2시간 반만에 해제되고, 며칠이 흘러 노상원이라는 전직 장군이 체포되었는데 황당한 내용이 수첩에 적혀 있었다고 한다. 이재명, 박찬대, 조국 같은 야당 정치인들은 물론 문재인 정부 때 국무위원, 청와대 비서관 그리고 장관 보좌관들도 수거 대상에 포함돼 있었다. 순간 등골이 서늘해졌다.

"나도 수거 대상?"

윤석열의 내란이 성공했다면 나는 12월 초 어느 날인가 집 앞을 나서자마자 합동수사본부에 체포돼 어딘지 모를 곳에 감금되어 고문을 동반한─손가락 절단 기계도 샀다고 한다—조사를 받고 배에 태워져 연평도 앞바다에서 수장됐을지도 모른다. 계엄을 피해 북한으로 도주 중에 피격됐다는 뉴스와 함께.

2024년 12월 1일, 국감이 끝난 후 3일의 휴가를 얻어 세 가족과 여수, 고흥, 강진, 광주를 여행하고 돌아왔다. 이틀 후인 12월 3일 내란의 밤을 맞았다. 하마터면 가족들과의 마지막 여행이 될 뻔했다. 10시 40분쯤 아내가 윤석열이 계엄을 선포했다는 말을 했다. 무슨 뚱딴지 같은 소리냐며 가짜뉴스일 것이라고 말했다. 그러나 5분도 채 안 돼 윤석열의 계엄선포 영상을 보고 정신을 차렸다. 민주당이 곧바로 계엄 해제를 위해 본회의를 열 것이라 생각하고 국회로 갈 채비를 했다. 아내도 어서 가보라고 했는데 만일의 사태 같은 건 생각할 겨를이 없었다.

영종도에서 국회까지 안 막히면 40분, 중간에 졸음쉼터에 들러 화장실에 가면서 다시 한번 이게 진짜인지 성시웅 보좌관에게 전화했다. 자신은 국회 근처에 있어서 바로 의원회관으로 들어왔고 이해식 의원에게 바로 국회로 오는 게 좋겠다고 연락했다고 했다. '아, 이 새끼가 끝내 사고를 쳤구나.'

당산역을 지나 국회로 접근할 때쯤, 헬기 소리가 들렸다. 11시 40분 경이었다. 국회 3문 쪽으로 가보니 경찰들이 차량으로 출입문을 막고 통제하고 있었다. 사람들이 30명쯤 서성이고 있었다. 잠시 후 장경태 의원과 윤종군 의원이 와서 경찰에게 의원이니 문을 열어달라고 했다. 경찰은 아무 대답도 하지 않고, 무전기만 만지작거렸다. 주위 사람들이 의원을 들여보내라고 소리쳤지만 반응이 없었다.

사람들이 격해지면서 욕 빼고 할 수 있는 소리를 다 했다. 일부 시민이 의원을 담을 타 넘겨주자고 했다. 장경태 의원을 담으로 올려보내려고 하니 경찰들이 못 넘어오게 막았다. 계속 의원을 담 안쪽으로 밀어냈고 결국 안착했지만 경찰이 다시 둘러쌌다. 한 5분 정도 실랑이가 오갔고 중간 지휘관급 되는 경찰이 무전을 받더니 두 의원을 통과시켰다.

SNS를 보니 담을 타고 넘어갔다는 사람이 있었다. 4문 쪽으로 이동하면서 주위를 살폈다. 국회어린이집을 지나니 경찰이 멀찌감치 보였다. 담을 넘는 걸 발견하더라도 잡으러 오는 시간 동안 충분히 넘을 수 있을 것 같았다. 담을 넘어 안쪽으로 착지했는데 왼발에 뭔가 걸린 느낌이 들었다. 내려오면서 나뭇가지 같은 것에 발등을 찍혔다. 어두워서 잘 안 보였는데 나중에 보니 꿰맬 정도는 아니지만 3cm 정도 찢어져 있었다. 아직도 흉터가 남아 있다.

국회 본청 뒤쪽으로 이동하는데 운동장에 내린 헬기에

서 군인들이 줄줄이 본청 쪽으로 가고 있는 게 보였다. 군인들 눈에 띄면 안 될 것 같은데 하면서도 빨리 본청 안으로 들어가야 한다는 생각에 뛰었다. 후문 현관에는 완전무장한 군인들 10여 명이 출입구를 막고 있었다. 안쪽을 보니 국회 직원과 보좌진들이 소파, 의자 등으로 현관에 바리케이트를 쳐놨다. 군인들이 나와 민간인을 보고도 체포하거나 위협하지 않았다. 계엄군치고는 느슨하다는 느낌이 들었다. 계단으로 올라가니 2층 민주당 원내사무실에서 당직자들이 창문을 열고 들어오라고 손짓을 했다. 몇몇 낮이 익은 얼굴이 나를 알아보고 부축하여 창문 안으로 끌어올려줬다. 자정을 지나 12시 15분쯤이었다.

로텐더홀에 들어서니 당직자, 보좌진, 직원들 300여 명이 본회의장 앞을 지키고 있었다. 본회의장으로 들어가는 입구마다 사람들이 바리케이트를 치고 지키고 있었다. 대부분 민주당, 조국혁신당 의원 보좌진과 당직자들이었는데 의원실을 그만두고 다른 일을 하고 있는 OB들도 꽤 보였다. 국회 앞에서 사람들과 술 한잔하다가 뉴스를 보고 같이 들어온 것이다.

나는 본회의장 바로 앞에서 사람들과 스크럼을 짰다. 아는 사람들과 눈인사도 하고 농담도 했지만 분명 생사를 다투는 상황이었다. 의원들이 많이 들어와서 과반수가 됐다

12월 3일 밤 자정무렵 국회 담장을 넘어 본청 진입을 시도하던 중 후문을 봉쇄하고 있는 계엄군들을 찍었다. 문 안쪽에 국회 직원과 보좌진들이 집기를 이용해 바리케이트를 쌓은 모습이 보인다.

12·3 내란의 밤, 국회 본회의장 앞에서(출처: 국회방송)

고 했다. 잠시 후 환호성이 울리는 쪽을 보니 이재명 대표가 입장하고 있었다. '이제 방망이만 두드리면 되겠구나' 안도가 됐다.

그런데 여기저기서 긴박한 소리가 들렸다. "야 여기 뚫린다. 빨리 오세요!" 사람들이 움직이자, "본회의장 사수조는 가만히 있어요. 마지막까지 지켜야 해요" 하며 분위기를 다잡았다. 나중에 들어보니 실제 한 곳이 뚫릴 뻔했는데 계엄군이 길을 잘 모르는지 허둥대다가 직원들이 몰려들어 겨우 막았다고 한다.

분명 계엄군이 전력을 끄고 최루탄을 쏠 것이라고 생각했다. 총까지야 쏘지 않겠지만 불 꺼지고 최루탄 터진 상황에서 곤봉과 개머리판으로 진압하면 10분이나 버틸 수 있을까? 두들겨 맞고 체포되어 끌려가는 장면이 연상되었다. 그런데 나의 신변에 대한 걱정보다 어떻게든 본회의에서 계엄 해제 의결까지 국회를 지켜야 한다는 결의가 먼저였다. 그렇게 못하면 내가 여기까지 찾아올 이유가 없지 않은가.

다행히도 새벽 1시경 우원식 국회의장이 계엄 해제 안건 표결을 마치고 해제를 의결했다. 박수와 환호가 터져나왔고, 잠시 후 민주당 지도부가 로텐더홀로 나와서 입장을 발표했다. 윤석열이 해제 의결을 무시하고 계엄을 강행할 수도 있는 상황을 대비하여 사람들이 돌아가지 않고 바닥과 의자에 앉아 밤을 새워 대기했다. 2시, 3시 시간이 지나도 계엄을 해제했다는 뉴스가 나오지 않았다. 국회 안팎의 계엄군은 해제 의결 소식을 듣고 차차 후퇴하여 복귀하였다. 결국 4시 20분쯤 윤석열이 계엄 해제를 선언했다. 국회 의결과 해제 선언 사이 약 3시간 동안 윤석열은 법전을 뒤져가며 해제의 법적인 문제는 없었는지, 다시 계엄을 선포할 수 없는지 법적 검토를 했다고 한다. 이렇게 내란의 밤, 국회에서 박광운의 6시간은 대한민국 민주주의를 구했을 뿐만 아니라 나의 목숨을 구하는 데도 성공했다.

대한민국 국민의 힘으로 지켜낸 민주주의

그 이후의 일은 모두가 아는 내용들이다. 윤석열 대통령 탄핵안이 발의됐으나, 국민의힘이 불참하면서 의결 정족수 미달로 부결되었고, 14일 2차 탄핵안 투표에서 204명이 찬성하여 가결되었다. 탄핵안이 헌법재판소로 즉시 송부되어 탄핵심판이 시작되었고, 4월 4일 재판관 만장일치로 윤석열이 대통령직에서 파면되었다.

경찰과 공수처가 합동으로 내란죄 수사를 시작하여 1월 15일 윤석열 대통령 체포에 성공하여 1월 26일 기소하였으나, 지귀연 재판부는 어처구니없는 논리로 3월 8일 윤석열을 석방하였다. 이 과정에서 서울 수도권뿐만 아니라 전국의 시민들이 한겨울 추위에도 아랑곳하지 않고 광화문으로, 안국역으로 나와 "윤석열 탄핵"을 외쳤다. 이는 1987년 6월 항쟁 때 "직선제 쟁취"를 외친 수백만의 함성과 닮았다.

2025년 4월 4일, 문형배 헌법재판소장 권한대행은 약간 긴장해 있었다.

"지금 시각 11시 22분, 피청구인 대통령 윤석열을 파면한다."

헌법재판소는 재판관 8인 전원일치 의견으로 윤석열 대통령에 대한 국회의 탄핵소추를 인용하고, "윤석열 파면"을 선고했다. 파면의 효력은 선고 즉시 발생했다. 헌재는 윤 대통령이 위의 위헌·위법 행위를 통해 군경을 동원하여 국회 등 헌법기관을 훼손하고 국민의 기본적 인권을 침해함으로써 헌법 수호의 의무를 저버렸다고 결론 내렸다. 헌법 수호의 관점에서 용납될 수 없는 중대한 법 위반 행위에 해당하며, 헌법 수호 이익이 파면에 따른 국가적 손실을 압도할 정도로 크다고 강조했다. 이는 민주공화국의 주권자인 대한민국 국민의 신임을 중대하게 배반한 것으로, 파면을 통해 헌정 질서를 수호해야 할 필요성이 크다고 역설했다.

윤석열 파면을 결정한 헌재 판결문은 시민들은 물론

광화문에서 열린 윤석열 탄핵 집회에서

학생들도 읽고 배울 수 있도록 해야 한다. 내란을 도모한 대통령을 국민의 힘으로 끌어내린 역사는 승리의 역사이고, 우리 국가와 민족의 진보이기 때문이다.

헌법재판소는 국회가 제시한 주요 탄핵소추 사유 5가지 대부분을 인정했다. 핵심 위반 사항은 다음과 같다.

① 불법 비상계엄 선포:

• 2024년 12월 3일 선포된 비상계엄이 당시 국가비상사태가 아니었음에도 헌법 및 계엄법이 정한 실체적·절차적 요건을 충족하지 못한 불법 계엄이라고 판단했다.

• 윤 대통령 측의 '경고성·호소용 계엄' 주장은 계엄법이 정한 목적이 아니므로 받아들일 수 없다고 일축했다.

② 헌법기관 훼손 및 기본권 침해:

• 계엄 포고령을 통해 국회, 지방 의회, 정당 활동을 금지함으로써 국회의 계엄 해제 요구권, 정당 제도, 대의민주주의 원칙, 권력 분립 원칙을 위반했다고 보았다.

• 비상계엄하에서 기본권 제한 요건을 위반하여 국민의 정치적 기본권, 단체 행동권, 직업의 자유 등을 침해했다고 인정했다.

③ 국회 및 정치인 체포 시도:

• 군경을 동원하여 국회의사당에 투입하고, 의원들의

국회 출입 및 본회의장 진입을 막고 폭행·위협하도록 한 행위, 주요 정치인 체포를 지시한 행위 등이 인정되어 헌법을 위반했다고 판단했다. 특히, 이 과정에서 국군의 정치적 중립성을 침해하고 헌법에 따른 국군 통수 의무를 위반했다고 명시했다.

④ 중앙선거관리위원회 등에 대한 압수·수색:

• 중앙선거관리위원회 등 헌법기관에 대한 위헌적 압수·수색 시도 역시 헌법 위반 행위로 인정되었다.

더 단단한 민주주의를 향하여

윤석열 파면 선고가 나고, 윤석열 내란에 부역하고 선동한 자들을 단죄해야 한다는 취지로 페이스북 글을 남겼다.

끝이 아니라 시작입니다

2025년 4월 6일

조선인 친일부역자들은 일제보다 악랄하게 독립운동을 탄압하고 민족의 고혈을 빨아 제 배를 불렸습니다.

1945년 해방 이후 일제는 물러갔지만 미군정 시기 경찰과 사법을 장악한 친일파들은 친일잔재 청산에 강력하게 저항했습니다. 이들은 이승만 대통령으로 하여금 친일반

민족행위자처벌법을 무력화시켰고, 청산되지 못한 역사는 쿠데타와 독재로 이어졌습니다.

4월 4일 내란 수괴가 파면되어 대통령직에서 물러나 법의 심판대에서 서게 됐습니다. 하지만 윤석열의 내란에 부역했던 자들을 찾아내 단죄하지 않으면 민주주의 파괴 범죄의 망령은 사라지지 않을 것입니다.

그들은 누구입니까?

윤석열 친위쿠데타를 방조하고, 헌법을 조롱한 고위관료들입니다.

계엄 해제를 방해하고 내란 종식을 저지하려 한 정치인들입니다.

내란 범죄를 법대로 수사하지 않고, 수괴를 풀어준 검찰입니다.

내란을 비호하고 선전·선동한 극우세력과 극우언론입니다.

대한민국이 아닌 윤석열 개인에 충성한 자들입니다.

윤석열 파면은 내란 범죄 수습의 첫 발걸음입니다.

어떻게 반헌법적 조치에 군인과 공무원이 동원될 수 있었는지, 왜 내란범 체포와 수사가 신속하게 이루어지지 못했는지, 왜 명백한 내란 범죄에 진영 대결이 격화되고 언론이 객관성을 잃었는지, 우리가 이런 것들을 깊이 성찰하

고 명확히 청산하여 후대에 남기지 않는다면 불행한 역사
는 반복될 것입니다. 끝이 아니라 시작입니다.

비상계엄 해제 특별공로 포상

지난 9월 1일, 12·3 불법 계엄 당시 계엄군에 맞서 국회를
지켜낸 국회 직원, 보좌직원, 당직자들에 대한 우원식 국회
의원장의 공로상 수여식이 열렸다. 그날 공로장을 받고
SNS에 남긴 감상을 옮겨온다.

국민께 감사드립니다

2025년 9월 1일

빛의 혁명을 이룬 2025년 정기국회 개원식 날인 9월 1일,
우원식 국회의장님으로부터 12·3 계엄해제 특별 공로장을
받았습니다.

12월 3일 밤, 영종도에서 국회로, 국회 담장을 넘어 많
은 보좌진, 당직자들과 본회의장을 지켰습니다. 그날 함께
했던 동지들과 눈인사를 하며 우리가 함께 지킨 민주주의
의 위대함에 가슴 뿌듯해 했습니다.

우 의장께서는 더 단단한 민주주의를 만들어 달라는 국
민의 요청을 대신 전하는 것이라 하셨습니다.

“민주주의가 밥 먹여주냐?”

네, 민주주의는 먹고사는 문제 맞습니다. 소수 기득권이 아닌 다수 국민의 삶과 직결됩니다. 과거에도 그랬고, 현재도 그러하며, 앞으로도 그러할 것입니다.

국회를, 대한민국을 지켜주신 국민께 감사드린다.

12·3 계엄해제 국회의장 특별 공로장 수상(2025.9.1.)

6

변방의 늑대에서 시대의 중심까지: 내가 본 이재명의 8년

정치인 이재명을 알게 된 계기는 2016년으로 거슬러 올라 간다. 당시 통일맞이 이사장을 맡았던 이해찬 의원은 동학 농민혁명을 배경으로 한 가극 〈금강〉의 공연장 섭외에 애를 먹고 있었다. 이재명 시장이 성남아트센터에 공연을 유치해 무사히 진행했는데 그 일을 계기로 두 사람이 처음 대면한 것으로 안다. 변방의 늑대 같았던 이재명 시장을 직접 만나 본 이해찬 의원의 평가는 긍정적이었다.

2018년 지방선거에서 이재명 시장이 경기도 지사 후보 가 되어 당선된 후, 이 지사에 대한 내부의 공격이 거셌는데 상당 부분 흑색선전이었다. 두 달 뒤에 전당대회가 열리고 일부 당원들은 당대표 후보에게 이재명 지사 징계를 요구했 다. 당대표로 당선된 후에도 이재명 지사의 재판과 맞물려 징계요구가 거셌지만 이 대표는 끝까지 객관적인 자세를 취했다. 결국 이 지사는 대법원에서 파기환송되어 살아 돌아왔다. 계보도 정치적 자산도 없이 홀로 난관을 뚫고 살아온 이재명의 정치적 역량을 다시 보게 된 계기가 되었다.

대선 경선캠프, 당대표 비서실, 총선대비 TF팀에서 보낸 배움의 시간

자연스럽게 2022년 대선 후보로 이재명 지사를 지지하게 되었다. 이재명 경선캠프에 들어가 대장동 국회대응팀으로 활동했고, 본선 캠프에서 전략본부 신속대응팀장을 맡았다. 대선 패배 후 김동연 경기도지사 캠프에 전략실장으로 투입되었다. 김동연 후보는 잘 몰랐지만 전략적으로 경기도지사 승리가 꼭 필요했기 때문이다. 간발의 차이로 승리했지만 김동연 지사를 도왔던 이재명계 사람들은 경기도 인사에서 거의 배제되었다. 나 또한 그 덕분에 10개월 동안 푹 쉬게 되었다.

인천계양 재보궐선거에서 당선된 이재명 의원은 곧바로 전당대회에 출마해 당대표로 선출되었다. 주위 분들의 추천으로 당대표 비서실에 임기제 국장으로 임명되었다. 처음 배치된 곳은 메시지팀이었다. 매주 3회 열리는 최고위원회 말씀자료와 기자회견문, 서면축사 등을 생산하는 곳이다. 능력 있는 당직자들이 있어 큰 어려움 없이 지냈고 나는 주로 최고위원들의 메시지 소통을 맡았다. 돈 봉투 사건이 터지자 장경태 최고위원을 위원장으로 하는 혁신위원회가 출범했다. 정당혁신 업무를 하고 싶어 전문위원으로 자원하여 3개월 간 겸업을 했다. 이때 공부하고 토론한 내용들이 큰 도움이 됐다.

  1년 뒤 민주연구원으로 자리를 옮겨 2024년 총선대비 TF팀에서 일했다. 2023년 10월 강서구청장 보궐선거에 파견되어 연설문 작성을 도맡았다. 윤석열이 김태우 전 구청장을 사면복권하고, 그를 또다시 후보로 세우는 몰상식적 행태에 경악했다. 이 시기에 이재명 대표는 검찰의 정치적 수사에 반발하며 단식농성을 하였고, 체포동의안이 가결되는 충격이 있었지만, 선거운동 시작 전날 법원이 영장을 기각하였다. 선거결과는 압도적인 승리로 끝났고, 윤석열 정권의 몰락을 알리는 사건이었다.

이재명의 실용주의 철학은 학습에서 나온다

22대 총선에서 민주당의 공천은 역대급 파란을 일으켰다. 당원들은 자신들의 당대표를 사지로 몰아넣었던 현역의원들을 단호하게 심판했다. 언론에서는 '친명횡재, 비명횡사'

이재명 대표와 찍은 유일한 사진이다. (2025.4.25. 민주당 당직자 조회에서)

라며 문제 삼았다. 이 규정이 사실인지 확인하기 위해 과거 대선 경선 때 이재명 캠프 참여 의원들과 다른 의원들과의 공천을 비교해 보았다. 결과는 유의미한 규정이 아닌 것으로 나타났다. 단수공천 비율이 이재명쪽 의원과 다른 의원들이 비슷했다. 경선 후보들도 마찬가지였다. 일부 인사를 부각시켜 프레임화한 것이었다. 이 내용을 페이스북에 올렸는데 이재명 대표가 포워딩하는 바람에 잠시나마 유명세를 타기도 했다.

많은 사람들이 민주당의 물갈이 공천에 걱정과 우려의 목소리를 보냈지만 선거결과는 압승으로 끝났다. 이재명의 과감한 승부수가 통한 것이다. 이것으로 그에 대한 정치적 역량에 대한 평가는 끝난 셈이었다. 반대편에 섰던 사람들은 꿀먹은 벙어리가 됐다. "정치는 정치인이 하는 것 같아도 결국 국민이 하는 것이다"라는 말이 실현되었다. 이재명 대표는 어떻게 그 짧은 기간에 정치 9단의 면모를 갖게 되었을까? 순수한 열정만으로 가능하지 않다. 역사를 보는 안목, 사건의 본질을 꿰뚫는 능력, 경청의 자세, 선후경중완급을 조절하는 역량을 단기간에 끌어올린 것이다. 김대중, 노무현에 견줄 만한 위상의 인물이다.

내가 생각하는 이재명 대표의 강점은 학습하려는 자세에 있다. 정치경력이 짧은 그가 당대표가 되고 초반에 최고위원회나 전략회의에서 그의 귀는 열리고 입은 닫혀 있기 일쑤였다. 회의를 주재할 당대표가 계속 듣기만 하고 말을 잘 안하니 답답하기도 했다. 그러나 자신이 종합적인 판단을 할 정도의 정보가 충분하지 못하다고 생각했던 것 같다. 경청의 대상은 지위고하를 막론한다. 심지어 실무자인 내가 만든 보고서나 페이스북도 들여다보지 않는가. 그가 밤늦게까지 SNS를 섭렵한다는 건 익히 알려진 사실이다. 관습과 편견에 얽매이지 않고 열린 자세로 학습하려는 자세에서 실용주의 철학이 나올 수 있었다.

이재명 시대를 사는 법:
실용과 민생의 길

우리는 지금 급변하는 글로벌 격랑 속에서 새로운 정치적 패러다임을 요구받고 있다. 복잡한 문제를 해결하기 위해 이념의 껍질을 벗어던지고 오직 '문제 해결'이라는 실용적 목표로 나아가는 이재명 시대의 도래는, 우리 개개인에게도 과거와 다른 삶의 태도를 요구한다. 이 시대는 더 이상 고답적인 엘리트주의나 추상적인 진영 논리에 갇히기를 거부한다. 오직 국민의 삶에 직접 도움을 주는 정책의 결과, 그 실질적인 '효능감'만이 가치를 갖는 시대인 것이다.

이념과 엘리트주의를 넘어선 실용 정치:
결과로 증명하다

이재명 정치는 과거 기득권 중심의 엘리트 정치와 명확히

선을 긋고, 좌파도 우파도 아닌 '실용'을 이념적 경계 위에 둔다. 그가 끊임없이 강조해온 것은 "쓸데없는 이념 논쟁으로 시간을 낭비할 때가 아니다. 정치는 국민의 삶을 더 좋게 만드는 문제를 해결하는 것"이라는 실용주의적 명제다.

그의 정책, 예컨대 '기본 시리즈(기본소득, 기본주택 등)'나 '지역화폐'는 엘리트 계층의 높은 이념적 담론 대신, 국민의 지갑과 생활에 직접적으로 연결되는 구체적인 수단을 제시한다. 이는 좌파의 분배 논리와 우파의 성장 논리를 대립시키는 대신, '전환적 공정 성장'을 통해 더 공정한 분배가 더 지속 가능한 성장으로 이어진다는 실용적 논리로 통합하는 시도다.

이 시대를 사는 우리는 정치적 주장을 들을 때 그 주장이 이념적으로 어디에 속하는지가 아니라, '나의 삶을 얼마나 변화시킬 수 있는가'라는 실용적 잣대를 들이대야 한다. 양극단의 이념 공세에 흔들리지 않고, 국가적 위기를 극복하고 미래를 준비할 수 있는 가장 합리적이고 효율적인 방안을 선택하는 '결과 지향적 실용파'의 자세가 요구된다.

정치는 국민이 하는 것, 뉴미디어 정치의 달인

"국민이 주인이다"라는 말은 흔하지만, 이재명은 이를 현실

정치에서 구현한다. 그의 정치는 '국민이 직접 참여하고 감시하며 결과를 만들어내는 과정' 그 자체를 중시한다. 이러한 참여민주주의는 뉴미디어 정치와 결합하여 더욱 강력해진다.

그는 전통적인 언론의 필터를 거치기보다 유튜브, SNS 등 뉴미디어를 통해 국민과 직접 소통하며 메시지를 훼손 없이 전달하는 데 능숙하다. 12·3 내란의 밤에 유튜브 방송을 켜고 국민에게 "국회로 와서 민주주의를 구해달라"고 호소한 것은 가장 좋은 사례다. 이는 정치에 대한 접근성을 획기적으로 낮추고, 국민이 수동적인 유권자를 넘어 능동적인 정책 생산자이자 감시자로 기능하게 만든다. 이 시대를 사는 우리에게는 정치 뉴스 헤드라인만 볼 것이 아니라, 직접 채널에 접속하여 정책의 배경과 맥락을 이해하고 의견을 개진할 수 있는 적극성이 요구된다.

AI와 에너지 전환: 미래 성장의 길

이재명 정권이 제시하는 미래 비전의 핵심 축은 AI 기술 선점과 에너지 대전환이다. 인공지능이 가져올 산업 구조의 재편과 기후위기가 강제하는 탄소중립은 피할 수 없는 현실이자, 한국 경제의 새로운 도약을 위한 기회다.

그는 AI를 '4차 산업혁명의 석유'로 보고 투자를 강조하며, 에너지 전환을 '필요해서 하는 것이 아니라, 안 하면 망하기 때문에 하는 일'로 규정한다. 이는 단순히 환경 정책이 아니라, 글로벌 산업 질서에서 생존하기 위한 경제 정책이라는 실용적 인식을 보여준다. 이 시대를 사는 우리는 미래를 향한 이 거대한 전환점에서 뒤처지지 않도록 개인의 역량을 개발하고, 변화를 주도할 정책에 목소리를 실어줘야 한다.

한없이 갖고 싶은 문화의 힘:
원천(源泉) 발굴과 소프트파워

BTS와 〈오징어 게임〉, 〈기생충〉으로 상징되는 K-컬처는 단순한 오락을 넘어 대한민국의 강력한 소프트파워이자, 국가 브랜드를 높이는 핵심 성장 동력이다. "문화는 경제이고 국력이다. 문화의 힘을 한없이 갖고 싶다"는 그의 발언은 문화의 경제적 가치에 대한 명확한 인식을 보여준다.

최근, 블랙핑크, 케이팝데몬헌터스 등의 글로벌 성공과 K-콘텐츠의 흥행은 우리 문화의 한계를 지속해서 깨고 있음을 증명한다. "가장 개인적인 것이 가장 창의적이다"라는 격언처럼, 이제는 "가장 한국적인 것이 가장 세계적"이라는 확신으로 나아가야 한다. K-pop과 웹툰 생태계는 이미 세계 탑클래스 경쟁력을 갖추었으며, 제작 능력 역시 세계적으로 인정받고 있다.

이럴 때일수록 문화 콘텐츠의 원천(源泉)을 발굴하고 육성하는 것이 중요하다. 원천기술이 기업 경쟁력의 핵심이듯, 문화도 '오리지널 소스'가 핵심이다. 순수문학, 전통문화, 클래식, 독립영화 등은 당장 수익을 내지 못해도, 좋은 문화 콘텐츠가 끊임없이 솟아날 수 있는 맑은 물과 같다. 영국이 셰익스피어나 해리포터 같은 강력한 문화 콘텐츠로 경제강국을 유지하듯, 창의와 영감은 AI 시대 최고의 소프트파워이며, 이재명 시대는 이러한 원천 문화의 샘을 보호하고 키워내는 정책에 집중해야 한다.

보복할 시간이 없다

"오직 민생과 국정 현안을 해결하는 데만 매진하겠다." (2025. 7.3. 취임 30일 기자회견) 이 문장은 이재명 시대가 추구하는 미래 지향성을 가장 명징하게 보여준다. 과거의 정치적 보복이나 진영 간 갈등에 에너지를 소모하는 대신, 오직 '국민의 삶을 나아지게 하는' 문제 해결에 집중하겠다는 선언이다. 이는 정치적 구호를 넘어, 우리 사회 전체에 던지는 실용주의적 메시지이기도 하다. 국민 개개인 역시 무익한 과거 논쟁과 감정적 소모에서 벗어나, 당면한 경제적 어려움과 사회적 과제 해결에 힘을 모으는 생산적인 태도를 가져야 한다.

이재명 시대는 실용과 성과로 민생을 확보하고, 미래전환을 선점하며, 국민의 참여로 완성되는 시대다. 이념보다 효능을, 갈등보다 협력을, 과거보다 미래를 선택하는 것이야말로 '이재명 시대를 사는 법'이다. 우리 모두가 주권자로서 이 실용적 문제 해결 과정에 동참할 때, 비로소 대한민국은 한 단계 더 단단하고 지속 가능한 길로 나아갈 수 있을 것이다.

다음 두 개의 글은 이재명 정부 출범 후, 대통령의 행보 중 인상 깊었던 부분에 대한 감상을 페이스북에 남긴 글이다.

이재명 대통령은 정조가 부러웠나 보다

2025년 6월 30일

우연히 봤다가 빠져드는 드라마가 있습니다. 매력적인 캐릭터, 예상과 다른 이야기 전개, 공감을 주는 대사들이 구성요소이지요.

5일 전에 잠시 시청하다가 정주행해버린 이재명 대통령의 호남 타운홀 미팅 라이브도 그랬습니다.

다 보고 난 뒤, 대선 캠페인 중에 그가 자주 말한 대목이 떠올랐습니다. 정조가 화성에 능행차를 하는데 억울한 사람이 있으면 징을 치라고 했답니다. 처음엔 다들 누가 감히 그런 일을 하겠냐며 주저했지만 한 백성이 징을 쳐서 자신의 억울함을 호소하니 왕이 해당 마을의 사또를 조사하여 봉고파직 시켰다나요. 그 일이 있은 후 어떤 일이 일어났을까요?

정조의 능행차 때가 되면 전국의 고을 원님들은 자기 마을 사람이 가서 징을 치지 않을까 노심초사하며 소위 민원 관리를 철저히 했다고 합니다. 국민신문고의 원조격이지요.

통상의 대통령 행사는 의전과 사고예방 때문에 철저히 짜여진 각본대로 진행됩니다. 그런데 이재명 대통령은 의전과 격식을 파괴하고 징을 치는 국민을 조명했습니다. 행사장 바깥에서 피켓을 들고 목소리를 높인 시민에게 마이크를 주었습니다. 그런데 예상과 달리 그 시민은 예의를 갖춰 차분하게 자신들의 주장을 설명하고 도움을 구했습니다. 대통령도 과하지도 덜하지도 않게 답변하며 상황을 정리했습니다.

취임 후 한 달도 안 된 초보 대통령이라고 믿을 수 없는 원숙함과 순발력에 놀랐습니다. 원래 주제였던 광주 군공항 이전 이슈보다 징을 친 시민에게 말할 기회를 주고 진정성 있게 받아준 것이 더 큰 파장을 낳았습니다.

지역을 순회하며 타운홀 미팅을 할 것으로 보입니다만, 호남 행사를 본 지자체장들이 선뜻 손을 들 수 있을지 궁금합니다. 대통령이 행차할 때, 징을 치면 이야기를 들어준다는 소문이 나서 오히려 단체장이 난감할 상황이 벌어질 수 있기 때문이죠.

문제의 답은 현장에 있고, 현장에는 이해관계자들의 이야기가 있습니다. 누구의 이야기를 들을 것인가는 중요한 문제입니다. 적어도 이재명 대통령은 발언권이 약한 사람들의 이야기를 들으려고 할 겁니다. 행사를 준비하는 측 혹은 대통령에게 요청하려는 측, 하나마나한 이야기가 아닌 진짜 문제를 해결하려는 자세와 실천이 필요합니다.

문헌에 나온 정조는 심각한 워크홀릭이었습니다. 밤을 새워 상소문을 읽고 문제 해결을 위해서 반대파인 노론 사람들과도 몰래 편지를 주고받기도 했습니다. 경연 실력도 뛰어나서 신하들도 그의 학식을 따라가기 힘들었다고 합니다.

이재명 대통령은 이런 정조의 통치 스타일을 닮고 싶어 하는 것 같습니다. 그가 조선의 마지막 부흥기를 일구었던 정조대왕의 길을 재현하면 좋겠습니다.

개혁의 동력은 '이재명'

2025년 9월 12일

이재명 대통령 100일 기자회견 전체를 다시 봤습니다. 경제부터 외교, 정치까지 다양한 질문에 거침없는 답변을 이어갔지요.

제가 꼽은 백미는 사법개혁 위헌 소지에 대한 답변이었습니다. "권력도 서열이 있다. 선출 권력이 가장 우선이고 그다음이 임명 권력이다. 삼권분립이 사법부 마음대로 해도 된다는 뜻이 아니다." 헌법 제1조 모든 권력은 국민으로부터 나온다는 국민주권주의에 입각한 간명하면서도 강력한 공리 때문입니다. 법치주의에서 정치를 거세하려던 엘리트주의의 종말을 고하는 선언이라고 평가합니다.

아리스토텔레스는 설득의 3요소로 로고스(이성), 파토스(열정), 에토스를 말했습니다. 저는 이중 에토스를 가장 중요하게 생각합니다. 사전에는 '화자의 고유한 성품 또는 신뢰성'이라고 나오지만 저는 '자격'으로 해석하는 걸 선호합니다. 어떤 사람이 주장하고 청중이 그 말에 찬동하는 데에는 논리와 열정이 필요하지만 가장 중요한 것은 화자가 그 주장을 할 자격이 있냐는 것입니다. 윤석열이 아무리 정의와 상식을 세우자고 열정적으로 말해도 사람들이 믿지 않는 것은 그자가 그 말을 할 자격이 없기 때문입니다.

이재명 대통령의 검찰개혁과 언론개혁에 대한 답변은 에토스의 힘을 보여준 것이었습니다. 한마디로 "이재명은 검찰개혁을 주장할 자격이 된다"는 겁니다. 대통령의 자신감의 원천도 바로 이 점이라고 생각합니다. 검찰과 언론의 폭력과 부조리에 가장 큰 피해자였다는 것을 다수의 국민이 인정하고 있기에 그의 개혁방침은 어느 때보다 누구보다 진실성을 갖게 됩니다. 개혁의 가장 큰 동력은 다름 아닌 '이재명'입니다.(물론 이성과 논리성이 몰각될 정도의 정책까지 용인된다는 것은 아닙니다.)

민주당 출신 대통령이 검찰과 언론개혁에 대한 주도권을 쥐게 된 것은 당연하게도 그가 살아서 대통령이 됐기 때문입니다. 승리의 역사가 없었다면 진보의 돌덩이는 다시 아래로 굴러떨어졌을 것입니다. 국민과 함께 했기에 가능했지만 민주당이라는 조직이 없이는 불가능했습니다. 집권당일수록 여당이 더 유능해져야 합니다.

8

왜 민주당인가?

내가 민주당을 선택한 이유

2010년 시민주권 활동을 하기 전까지 나는 민주당이 새누리당(국민의힘 전신)과 큰 차이가 없는 보수정당이라고 생각했다. 20대 후반 짧지만 임팩트 있었던 제도권 정치 경험의 상흔 때문에 더욱 그러했다. 시민주권에서 민주당 출신 정치인들과 교류하고 같이 일을 하면서 조금씩 이미지가 바뀌었고, 결정적으로 이해찬 전 총리님의 정치관에 교감하면서 민주당을 선택하게 되었다.

이 총리님의 논리는 단순하지만 명료하다. 우리나라는 정조대왕 서거 이후 세도정치-일제시대-한국전쟁-권위주의 시대까지 약 200년 동안 보수가 권력을 장악한 나라다. 권력카르텔은 너무 강력해서 김대중-노무현 10년의 성과들이 정권교체 2년 만에 무너졌다. 그 기득권에 대항하여 싸울 수 있는 세력은 민주당밖에 없다. 노조도, 시민단체도, 언론도 싸울 만한 세력이 안 된다. 대통령 선거에서 진보개혁세력이 민주당으로 통합, 연대해야만 승리할 수 있다. 민주개혁정권이 최소 4번의, 20년 정도 연속집권을 해야 보수권력 카르텔에 균열을 낼 수 있고, 진보정치의 공간이 생긴다.

"실패한 혁명가보다 성공한 개혁가가 되겠다"는 말을 좋아한다. 공산당을 비판하며 등장한 독일 사회민주당은 점진적이고 실현 가능한 개혁을 추구하며 국민의 지지를 받았다. 민주당 내에는 진보정당이 추구하는 가치관을 지닌 인사들이 적지 않다. 방법론적으로 온건개혁적인 방식으로 하느냐의 차이다. 시간이 걸렸지만 민주당은 보편적 복지, 노동중심사회 등 진보적 가치를 서서히 수용하여 제도를 만들고 변화를 이뤄냈다.

민주개혁세력의 연속집권을 위해서는 국민에게 사랑받는 강한 정당이 중요하다. 정당은 선거에서 좋은 정책과 인재를 국민에게 선보이고 선택을 받는다. 2년마다 돌아오는 전국 선거에서 정책을 만들고 인재를 추천하는 정당의 역할이 매우 중요하다. 아무리 당원 수가 많고 뛰어난 인재가 있더라도 정당이 제대로 작동하지 않는다면 엉터리 정책이 나오고, 수준 미달의 후보가 공천되어 국민의 심판을 받게 된다.

지금부터는 특권과 반칙에 맞서 싸웠고, 국민을 행복하게 만들 소명을 지닌 민주당이 더 나은 정당이 되기 위한 혁신 방안을 얘기하고자 한다. 다음 글은 2023년 민주당 혁신위원회 전문위원으로 활동하면서 고민하고 정리해놓은 글을 축약한 것이다. 2년 전 시점이라 현재와 사실관계가 다른 부분이 있으나, 핵심 주제는 여전히 유효하다.

Ⅰ. 서론

본 글은 더불어민주당(이하 민주당)이 직면한 '정당의 위기'를 진단하고, 이를 극복하여 대한민국 민주주의의 최후 보루이자 수권정당(受權政黨)으로 도약하기 위한 당 현대화 및 구조적 혁신 과제를 제시하는 것을 목적으로 한다.

정당에 대한 근본적인 고민은 2017년 대선 전후, 대한민국 사회의 깊은 구조적 모순에서 출발한다. 경제, 사법, 언론 등 모든 분야를 장악하고 200년 역사를 가진 극우 보수 기득권에 실질적으로 맞서 대항할 수 있는 유일한 세력은 현재 민주당뿐이라는 냉철한 현실 인식에 기반한다. 민주당의 연속집권만이 이 기득권을 타파하고 나라를 바로 세울 수 있는 유일한 길이다.

그러나 민주당은 총선과 지방선거에서 압승하고도 대선에서 패배하는 등, 개인기보다 당의 조직력과 전략이 요구되는 팀플레이 시대에 필요한 '당의 역량'을 충분히 갖추지 못했다는 평가에 직면해 있다. 특히 대선 패배의 근본적인 패인은 선거 전략의 부재를 넘어선 당의 실력 부족이라는 내부적 진단이 지배적이다.

따라서 민주당은 단순히 선거 승리를 위한 '반사이익의 정치'에서 벗어나, 정책정당, 이념정당, 인재정당으로서의 면모를 갖추는 자강(自強)의 길을 걸어야 한다. 혁신의 궁극적 목표는 권력 획득이 아닌, 정치적 이상 실현(공익 실현)을 통해 국민의 삶과 국가 발전을 책임지는 데 있다. 이를 위해 본론에서는 민주당의 역사적 소명 전환과 함께, 구체적인 4대 혁신 과제를 심층적으로 논의한다.

Ⅱ. 정권교체에서 민주적 대중정당으로의 소명 전환

1. 정당 목표의 재정립: 공익 실현과 책임성

정당의 본질은 권력을 획득하는 데 있는 것이 아니라, '동일한 정견을 가진 사람들이 정치적 이상(공익)을 실현하기 위하여 조직한 단체'에 있다. 권력 획득은 자신들의 정책 비전과 공약을 집행하기 위한 필요조건이자 수단일 뿐이다.

만약 권력 획득만을 최종 목표로 삼아 인기영합주의(포퓰리즘) 정책을 남발하고, 당의 정체성에 반하는 공천을 할 경우, 이는 정당의 책임성을 약화시키고 대중의 신뢰를 잃게 만든다. 강한 정당은 확고한 당 정체성을 바탕으로 정교하고 탄탄한 정책을 갖추어야 하며, 이것이 민주당이 나아가야 할 '문제 해결의 책임정치'의 토대가 된다.

2. 민주개혁세력의 시대적 사명 확장

대한민국 민주화 운동은 1987년 6월 항쟁을 통해 대통령 직선제라는 '절차적 민주주의'를 확립하는 데 성공했다. 이후 김대중, 노무현 정부로 이어지는 민주개혁세력의 목표는 단지 정권교체를 이루는 것을 넘어, 사회구성원의 권리를 실질적으로 보장하는 '경제적 민주주의'와 '사회적 민주주의'로 나아가야 한다는 소명으로 전환되었다.

이러한 소명의 일환으로 민주당은 이념과 정책의 요체인 강령에 담긴 가치(공정, 생명, 포용, 번영, 평화)를 공유하고 실현하는 '민주적 국민정당'을 만드는 것을 숙제로 안고 있다. 특히 2015년 온라인 입당을 도입하여 200만 권리당원 시대를 열었으며, 이는 정당 기반을 소수 엘리트 중심에서 당원 중심의 대중 정당으로 확장했다는 점에서 큰 의의를 가진다.

Ⅲ. 민주당의 구조적 현대화를 위한 4대 핵심 과제

민주당이 지속가능한 수권정당으로 자리매김하기 위해서는 '선거만능론'이라는 임시방편적인 개혁을 넘어선 구조적인 현대화를 달성해야 한다.

1. 정책 역량 강화 및 책임정당 실현

강한 정당은 정치적 이상을 실현할 수 있는 정교하고 탄탄한 정책을 바탕으로 '문제 해결의 책임정치'를 구현해야 한다.

● 프로페셔널 정책 역량 확보

개혁 입법과 정책은 명확한 논리와 함께 과학적 근거 및 데이터를 갖추어야 한다. 미성숙한 개혁정책 짜깁기가 아닌, 비전과 가치에 맞고 숙성된 논리와 정책에 기반한 전문적인 역량을 확보해야 한다.

● 정책 소통 시스템 제도화

당, 원내, 민주연구원, 의원실이 각기 따로 활동하며 효과적인 팀플레이를 저해하는 칸막이 효과를 해소해야 한다. 사람의 성향이나 능력에 의존하는 것이 아닌, 정책소통시

스템을 제도화하여 유기적인 협업 기반을 구축하고 정책
의 일관성을 유지해야 한다.

• 진보 싱크탱크 기능 강화

민주연구원 등의 정책연구소가 한국 진보 진영의 대표 싱
크탱크로서 역할을 수행할 수 있도록 연구 인력 확충(박사
급 연구원 2배 수준)에 과감히 투자하고, 정책위원회 전문위
원과 연구위원 간의 인사 교류를 통해 실무 이해도를 높여
시너지를 창출해야 한다.

2. 정치 지도자 육성 (팜 시스템 구축)

개인의 인기에 의존한 외부 영입과 각자도생식 성장을 탈
피하고, 당의 정체성과 충성도를 갖춘 미래 인재를 내부에
서 체계적으로 재생산하는 '화수분 정당' 시스템을 구축해
야 한다.

• 팜(Farm) 시스템 도입

프로 구단이 유망주를 발굴하여 육성하는 팜 시스템을 정
당에 도입해야 한다. 중앙당이 주도하여 가능성 있는 인재
를 발굴하고, 민주정치아카데미(가칭) 등 정치 지도자 사
관학교 형태의 교육기관을 설립하여 집중적으로 훈련해
야 한다.

• 단계별 훈련 및 공정한 진출

교육생에게 민주주의, 정당 철학 등 이론 교육과 함께 국회의원실, 지방의회 등에서의 실무 훈련(인턴십) 기회를 제공해야 한다. 참모형 인재(당직자, 보좌진)와 지도자형 인재(선출직 공직자)를 구분하여 육성하고, 객관적인 교육 및 업무 평가 데이터를 기반으로 공직 진출 기회를 부여하여 정치 지망생의 기회 평등을 확대해야 한다.

• 지속적 투자와 관리 시스템

인재 육성은 단기간에 성과를 기대하기 어려우므로, 지도부의 확신 아래 안정적인 물적·인적 투자를 보장하고, 인재의 사회 진출 후에도 활동을 모니터링하여 피드백하는 장기적인 관리 시스템을 구축해야 한다.

3. 대의원제 개혁과 중앙위원회 실질화

민주주의 최후의 보루로서 정당 내부 민주주의를 실질적으로 구현하고, 당내 의사결정의 대표성을 회복해야 한다. 현재의 대의원제도는 대의원의 대표성 취약과 권리당원과의 차등 의결 비율(대의원 1표 가치가 권리당원 55명 상당) 문제로 인해 실질적 민주주의를 구현하지 못하고 있다는 비판을 받는다. 이는 3김 시대 정당 시스템의 유물로 간주되며, 당원들이 요구하는 대의원제 개혁은 '민주적 국민정당' 실현을 위한 핵심 과제이다.

  '대의제 원칙'에 부합하고 집행부를 건강하게 견제할 수 있는 실질적인 대의기구를 활성화해야 한다.

• 중앙위원회 권한 및 규모 확대

껍데기만 남은 전국대의원대회를 대신하여 중앙위원회의 권한을 실질화하고 규모를 확대(현 800명 이하 → 2000명 이하)하여 실질적인 대의기구로 변모시켜야 한다. 중앙위원의 2/3 이상은 당원이 직접 선출하도록 하여 대표성을 높여야 한다.

• 정례적인 심의 기능 강화

중앙위원회 정기 대회를 정례화하여 다음 연도 정강정책, 사업목표 및 예산 심의·의결 등 실질적인 권한을 행사하도록 해야 한다. 이를 통해 의원총회 중심의 당론 결정 관행을 견제하고, 당대표와 사무처를 감시하는 건강한 견제 구도를 형성할 수 있다.

• 당 지도체제 정비

당대표 임기를 3년으로 하거나, 2년 연임을 허용(이재명 대표 연임으로 관행이 깨졌다.)하여 당 개혁의 지속성을 확보해야 한다. 또한, 집단지도체제의 장단점을 고려하여 최고위원제 폐지를 검토하고, 중앙위원회를 통해 견제받는 단일한 책임 리더십 체제를 구축해야 한다.

4. 국민의 신뢰 회복을 위한 도덕적 책임성 강화

당원 중심 정당으로의 현대화와 동시에, 국민의 신뢰를 회복하기 위한 도덕적 책임성을 강화해야 한다.

● 도덕적 이중성 해소

'밖으로는 엄격하면서 안으로는 관대한 도덕적 이중성'을 해소하고, 스스로 한 약속을 지키지 않거나 서민과 중산층을 위한다고 말하면서 기득권의 편을 든 행태를 복기하여 개선해야 한다.

● 국민 눈높이에 맞는 행태 혁신

국회의원 기득권 지키기 행태 등 국민의 눈높이에 맞지 않는 모습을 혁파하고, 당의 목표인 공익 실현에 봉사하도록 당 소속 공직자들의 윤리 및 책임 의식을 강화해야 한다.

Ⅳ. 결론: 창조적 파괴를 통한 수권정당으로

민주당의 위기는 단순히 선거 패배의 문제가 아니라, 정치적 이상 실현이라는 정당의 본질적 목표와 현대화된 대중정당의 체질을 갖추지 못한 데서 비롯된 구조적 위기이다. 매시기마다 제기되는 '당 혁신' 구호와 과제들이 성과를 내지 못하는 근본적인 이유는 선거만능론에 입각하여 중장기 과제를 형식적으로 처리하고, 기득권의 반발에 굴복

했기 때문이다. '선거에 져도 당이 건재하다면 언제든 일어설 수 있다'는 자강론의 시각에서, 민주당은 다음과 같은 결론적 과제를 수행해야 한다.

첫째, 당 정체성의 확고한 공유 ─ 강령과 이념에 대한 당원 교육 의무화 및 당 사업과의 정합성 평가를 통해 이념적 일체감을 강화하고, 당원들의 집단 지성으로 강령을 발전시켜 나가야 한다.
둘째, '반사이익의 정치' 청산 ─ 상대 당의 실책에 기대는 명사 중심, 선거정당의 한계를 벗어나, 탄탄한 기본기와 실력을 갖춘 정책정당, 책임정당으로 거듭나야 한다.
셋째, '당 현대화'의 적기 활용 ─ 당 개혁의 지속성을 확보하고 창조적 파괴를 통해 기득권 반발을 극복하여 당원 중심의 민주정당을 구현하는 구조 개혁에 용기 있게 나서야 한다.

결론적으로 민주당이 나아가야 할 길은 가장 공익적이고, 좋은 인재를 기르며, 국민에게 신뢰받는 '좋은 집'을 만드는 데 있다. 이러한 튼튼한 진지를 구축해야만 대한민국 민주주의를 지키고, 국가와 국민의 행복을 책임지는 수권정당이 될 수 있을 것이다.

9

런린이에서 풀코스 완주까지

나는 왜 달리는가?

나는 운동을 잘하고 싶었지만 운동 신경이 좋지 않았다. 특히 공을 다루는 운동은 영 신통치 않았다. 군대에서도 병장이 돼서야 의전패스를 받으며 공격수를 했을 정도였다. 내가 잘할 수 있는 운동이 뭐가 있을까 고민하다가 단순하면서 인내심만 있으면 되는 마라톤을 해보기로 했다.

군대 병장 시절 혼자 연병장 돌며 훈련을 했고, 제대하고 얼마 안 돼 서해대교 개통 기념 마라톤에 처음 참가했다. 제법 재미도 있고 성취감도 있어서 혼자 연습하며 동아마라톤(지금은 서울마라톤)과 춘천마라톤 풀코스 대회에서 완주했다. 20대 팔팔한 나이였으니까 지금처럼 훈련 빡빡하게 안 해도 하프코스(21km)는 예사로 뛰었다.

　회사에 다니면서 야근도 잦고 회식도 많이 하게 되어 자연스레 달리기와 담을 쌓은 지 15년이 흘렀다. 5년 전부터 건강검진에서 비정상 수치가 자꾸 떴다. 해가 갈수록 복용하는 약의 종류가 늘고 몸이 안 좋아지는 게 느껴지기 시작했다. 위기감을 느껴 달리기를 다시 해봐야겠다고 생각했다.

　작년 초 영종도에 러닝 동호회가 없을까 찾아보다가 SWRC라는 러닝크루를 알게 되어 참여했다. 만 50세가 되는 2025년 풀코스 완주를 다시 해보자는 목표를 세웠다. 열정적인 크루와 함께 훈련하며 천천히 몸을 만들었고 1년 만인 올해 3월 드디어 풀코스 서브 4(4시간 이내 완주)를 달성했다. 8달 후인 11월 제1회 인천마라톤에서 3시간 41분 완주로 기존 기록을 18분 앞당겼다.

달리기의 미덕

첫째, 달리기는 자기관리이다.

게으르면 마라톤 완주는 물론 효과적인 달리기를 못 한다. 4시간 내에 완주하려면 1km를 5분 40초 페이스(10km를 56분에 완주)로 뛰어야 한다. 풀코스대회는 6개월 전부터 조깅으로 일정 마일리지를 채워야 하며, 3개월 전부터 본격

훈련에 들어가고, 30일 전부터는 금주와 식단관리를 해야
한다. 4~5시간의 레이스를 운용하려면 몸 상태에 따른 페
이스 조절능력, 오버페이스 하지 않는 자제력, 고통을 이겨
내는 인내심이 필요하다.

둘째, 달리기는 카타르시스다.
동호회 회원 중에서 운동을 마치고 마시는 맥주가 너무 좋
아서 달린다는 친구가 있다. 마라톤 완주할 때의 도파민도
끝내주지만 훈련할 때 분출되는 아드레날린, 실력이 늘었을
때의 충만감도 이루 말할 수 없다. 이러한 호르몬 분비는 스
트레스를 해소하고 행복감을 느끼게 해준다. 마라톤은 상대
방을 이기는 스포츠가 아니라 온전히 자신의 몸으로만 해
내야 하는 자신과의 싸움이다.

셋째, 달리기는 명상이다.
장거리 달리기를 하다 보면 어느 순간 무념무상에 빠지게
된다. 다리는 자동으로 굴러가고, 차를 타고 풍경을 보는 듯
한 기분을 느낀다. 새가 날갯짓하듯, 물고기가 헤엄치듯, 달
리기가 숨 쉬듯 편안해진다. 회사 업무, 인간관계 때문에 스
트레스를 받다가 아무 생각도 하지 않고 앞만 보고 달리는
시간은 뇌를 편안하게 한다.

넷째, 달리기는 팀 스포츠이다.

동호회에서 같이 훈련을 하면서 느낀 것이 달리기는 팀 스포츠라는 것이다. 인터벌이나 장거리 훈련처럼 힘든 훈련을 혼자 하려면 중도 포기하기 쉽다. 여럿이 같이 훈련하면 서로 자극을 주면서 훈련 효율성을 높일 수 있다. 경쟁심은 긍정적 효과를 만들어낸다. 대회에서 페이스메이커와 함께 여럿이서 같이 달리면 목표 달성 확률이 높아진다.

다섯째, 달리기는 건강이다.

달리기가 주는 건강 효과는 셀 수 없을 정도다. 심혈관과 호흡기 건강 증진은 물론, 당뇨나 고혈압 같은 만성질환 위험을 감소시킨다. 걷기, 달리기를 하면 발바닥 신경이 뇌 신경을 자극하여 인지능력, 학습능력이 좋아진다는 연구결과도 있다. 그뿐만 아니라 달리기는 스트레스 해소와 마음의 안정을 돕는 진정 효과가 있다. 무엇보다 달리기를 꾸준히 하면 군살이 빠지면서 청년 시절 몸매로 돌아가는 마법이 걸린다.

운동은 남는 시간에 하려고 하면 십중팔구 실패한다. 더 멋진 삶을 위해 시간과 노력을 투자하기 바란다.

출발선에 서는 용기

마라톤은 누굴 이기는게 아니라 자신과의 싸움입니다.

모두들 지금까지 잘 달려왔어요.

1년 전을 되돌아보세요. 우리가 얼마나 변화하고 강해졌
는지.

기록 단축이 안될 거 같다고요?

포기하지 않고 계속 달리고 도전하는 당신은 이미 위너입
니다.

마라톤은 인생의 축약판이라고 합니다.

고통이 올 겁니다. 당연한 것이죠.

고통을 자신의 것으로 받아들여서 함께 가세요.

고통을 동반자로 여기면 헤어질 때 아쉬울 거에요.

지난 11월 23일 인천마라톤대회 전날 밤, 첫 풀코스에 도전
하는 분들을 격려하기 위해 러닝크루 단톡방에 올렸던 글
이다. 그런데 나 자신에게 한 말이었다.

마라톤에서 제일 중요한 것 중 하나가 출발선에 서는
것이다. 마라톤을 안 뛰어본 사람들은 42.195km라는 거리
를 듣고 질겁을 한다. 그렇다. 엄청난 거리다. 서울 광화문
에서 직선으로 서쪽으로 40km를 가야 영종도가 나온다.

인천마라톤 풀코스를 3시간 41분에 완주하며 개인 최고기록을
세웠다. (2025.11.23.)

그 거리를 4시간가량 뛰기 위해 출발선에 서는 것은 보통 용기가 아니면 힘들다. 훈련을 많이 한 베테랑 러너들도 풀코스 마라톤은 늘 긴장되고 DNF(did not finish) 하기도 한다. 그날의 컨디션, 주로 환경, 돌발상황 등이 경기에 영향을 미치는데 이런 사항들을 잘 관리하는 것이 중요하다.

훈련도 제대로 하지 않고 무작정 출발선에만 서는 게 좋다는 건 아니다. 큰일을 앞두고 충분한 준비를 했더라도 단단한 마음의 준비, 즉 멘탈 관리가 안 되는 경우가 있다. 하기로 마음먹은 일이라면 두려움 없이 출발선에 서라. 시작이 반이라는 말은 아마 마라톤을 두고 하는 말 같다.

10

영종에 올 베팅하겠습니다

영종과의 인연

영종에는 2018년 10월에 이사 왔다. 당시 영종 인구가 7만 명대였으니, 나 정도면 여기서 중고참 취급을 받는다.

사연은 이렇다. 2016년 아내가 회사를 그만두고 외벌이를 시작했다. 빚 없이 전셋집도 있겠다 세 식구 정도는 생활할 수 있을 거라고 생각했는데 딱 그 정도였다. 돈을 모을 수가 없었다. 결혼하고 2년마다 이사 다니다 보니 돈도 돈이지만 스트레스가 만만치 않았다.

2017년 문재인 정부가 출범하고 부동산이 오르기 시작했다. 계속 이런 식이면 환갑이 다 되도록 집도 없이 2년마다 이사만 다닐 판이었다. 아내와 상의하여 우리가 가진 재

산으로 주택을 장만하기로 결정했다. 아내가 내 직장인 여의
도 출퇴근을 고려하여 인천 청라를 후보지로 골랐는데, 한
두 달 사이에 매매가가 3,000만 원 가까이 올랐다. 빚을 조
금 내자고 했지만 아내는 단호했다. "내 사전에 빚은 없다."

　또 며칠 조사를 하더니 좋은 곳을 찾았다며 유레카를
외쳤다. 인천공항이 있는 영종도라는 것이다. 내 첫마디는
"거기 사람이 살아?"였다. 검색을 해보니 영종도에 하늘신도
시가 조성 중이었다. 아내가 찍은 아파트는 유명한 브랜드에
1천 세대 대단지였고, 입주 시기도 우리 전세 계약 기간과도
맞았다. 출퇴근은 공항철도와 9호선을 이용하면 문제가 없
었다. 당장 계약하겠다고 성화를 부려 어떻게 물건을 보지도
않고 덥석 계약하냐고 항의하여 집을 보러 영종도로 가게
됐다. 그게 2018년 2월이었다. 나보다 경제개념 있고, 꼼꼼
하니 어련히 잘 골랐겠지 생각해 계약에 동의했다. 분양권을
산 것인데, 행정수수료 정도만 붙여서 계약했다.

　당시 평당 분양가가 1,000만 원이 안 되어 큰 평수를
사고도 돈이 조금 남았다. 오래된 가구와 가전제품을 새로
장만하고, 아토피가 있는 아이를 위해 친환경 페인트를 시
공했다. 2019년까지는 멀리 바다가 시원하게 보였는데 불
과 5년도 안 돼 고층 건물이 모든 시야를 가렸다. 그럼에도
영종은 공원과 녹지가 많고, 운동 시설도 잘 되어 있다. 특

히 달리기, 자전거, 트레일 러닝을 연습하는 최적의 지역이다. 가장 맘에 드는 것은 일교차가 내륙에 비해 적다는 것이다. 한여름 영종의 기온은 서울보다 3도에서 최대 6도 정도 낮다. 해양성 기후인 부산과 비슷하다. 겨울도 내륙보다 기온이 높지만 바람이 불어 체감온도는 비슷하다.

볼매 영종

처음 3년간은 아무 생각 없이 회사-집만 왕복했다. 2021년 상반기까지는 세종으로 출퇴근하느라 더욱 여유가 없었다. 2022년 대선에 패배하고, 10개월 정도 백수로 지냈다. 백운산을 거의 매일 올랐다. 고도가 255m로 서울 남산 250m와 비슷한 규모의 산이다. 지형도 험하지 않아 남녀노소, 반려동물도 어렵지 않게 정상에 오를 수 있다. 백운산 등산코스는 다 다녀봤고, 아이와도 종종 백운산에 올랐다.

영종이 다른 국제도시인 송도, 청라와 가장 다른 점은 산과 해수욕장이 있다는 것이다. 송도와 청라는 갯벌을 매립해 만든 지역으로 언덕 없이 평탄하다. 백운산 정상에 오르면 사방이 탁 트여 눈과 가슴이 시원하다. 북쪽으로 마니산이 보이고, 서쪽으로는 인천공항과 신시모도, 장봉도가 펼쳐진다. 남쪽으로는 웅장한 인천대교와 송도 신도시를 조망할 수 있다.

씨사이드파크는 영종의 자랑 중 하나이다. 남쪽 해안선을 따라 약 5km 정도 길게 조성된 공원으로 구름광장과 자전거, 조깅 도로가 조성되어 있다. 바다를 보며 달리는 레일 바이크는 인기 관광 상품이다. 조깅로 중간쯤 가면 유수지 갯벌과 탐조대가 있다. 각종 철새를 망원경으로 감상할 수 있다. 캠핑카 야영장과 텐트 야영장을 저렴하게 이용할 수 있고, 최근에는 해수족욕장이 생겨 인기를 끌고 있다.

북쪽 예단포에 가면 예쁜 둘레길과 노을 풍경을 만끽할 수 있다. 구읍뱃터에는 월미도를 오가는 여객선이 있고, 어시장이 두 군데 있어 신선한 해산물을 합리적 가격으로 맛볼 수 있다. 최근에는 자연도 소금빵집 등 젊은 세대가 좋아할 만한 예쁘고 특색 있는 식당과 카페가 많이 생기고 있다. 주민인 나도 모르는 가게가 많아 당황스러울 때도 있다.

무의대교를 통해 무의도에 가면 하나개라는 예쁜 이름의 해수욕장을 만날 수 있다. 국립무의도자연휴양림과 이웃한 하나개 해수욕장은 1km에 달하는 드넓고 얕은 모래사장이 있어 가족 단위 휴양객이 많이 찾는다. '큰 개펄'이라는 뜻의 이름답게 동죽과 바지락을 채취할 수 있는 갯벌 체험도 할 수 있다. 최근에는 맨발 걷기 바람이 불어 하나개를 찾는 사람이 늘고 있다.

영종도를 한 바퀴 돌면 도시, 농촌, 어촌, 산업시설을 모두 다 볼 수 있다. 도심만 있는 송도, 청라와는 비교할 수 없는 다양성이 존재한다. 볼수록 매력덩어리, 영종을 알면 알수록 그 매력에 빠져들지 않을 수 없다.

하이닉스의 반전을 영종에서

영종은 이주민들의 도시다. 원주민 비율은 10%가 되지 않는다. 인구가 늘어날수록 그 비율은 더 줄어들 것이다. 나도 고향인 충청도를 고등학교 때 떠나와 서울에서 30년 가까이 살다가 7년 전에 영종에 정착한 이주민이다. 이주민이 만든 도시는 정체성이 정립되지 않아 불안정하고 사회 규율이 미흡하다. 반면에 텃새, 연고주의가 약해 이주민이 정착하기가 수월한 편이다. 그리고 이주민들이 토론과 민주주의 과정을 거쳐 합리적인 규칙과 관습을 만들 수 있다.

유럽인들은 종교 박해를 피해 신대륙에 넘어가 맨해튼 섬을 중심으로 뉴욕과 미국을 건설했다. 영종에는 다양한 지역에서 온 다양한 계층이 살고 있다. 주민들이 모여 집단지성을 발휘하고 주민자치를 펼칠 기회가 있다면 충분히 높은 참여를 끌어낼 수 있다.

영종은 송도, 청라와 같이 국제도시로 출발했지만, 현

영종도의 진산 백운산에 올라 장봉도 석양을 조망하다.

재까지 도시 성장 속도는 가장 느리다. 그러나 인천국제공항이라는 대기업급 사업체와 두 개의 대형카지노 리조트가 있어 기본적인 자족 기능을 갖추고 있다. 현재 인천공항 상주인구만 9만 명이라고 한다. 인천공항 5단계 확장과 MRO 사업이 본격 궤도에 오르면 영종에 좋은 일자리가 더 늘어날 것이다. 문화관광산업과 결합한 MICE 산업도 성장 가능성이 충분하다.

주식으로 치면 영종은 저평가된 우량주이다. 하이닉스는 IMF 시기 주가가 2,000원도 되지 않은 낙제생이었다. 그러나 하이닉스는 AI 시대 핵심부품인 GPU에 들어가는 HBM 시장을 선도하면서 기술적으로 삼성전자를 넘어섰다는 평가를 받고 있다. 새로운 혁신은 주류에서보다 끊임없이 주류로 가기 위해 노력하는 변방에서 생겨나는 법이다. 미래는 AI와 재생에너지 그리고 문화가 주도하게 된다. 이 분야에서 영종이 끊임없이 도전하고 과감한 투자를 한다면 반전의 기회는 반드시 찾아올 것이다. 영종을 달리면서(Running) 배우는(Learning) 영종러너 박광운 저평가 우량주, 영종에 모든 것을 베팅한다.

4장

처음 만나는 대한민국, 영종입니다

　　인천국제공항이라는 명칭이 있기 전, 공항건설공단이
내놓은 공항명은 애초 '영종국제공항'이었다. 그러나 인천
시민들이 공항 명칭에 '인천'이 들어가지 않는 것은 용납 못
한다며 공항 건설 저지운동까지 벌이겠다고 시민운동을 벌
인 끝에 1996년 지금의 '인천국제공항'으로 변경, 확정되었
다. 인천시 정치권과 시민들의 강력한 요구가 있었고, 당시
영종 주민이라고 해봐야 2만 명이 채 안 됐기 때문에 여론
을 따를 수밖에 없었다.

　　'영종'이라는 도시 브랜드가 사라지는 순간이었다. 국
제민간항공협회(ICAO) 명칭으로 정해졌고, 행정지명상으로
'인천'이 맞지만 세계인이 처음 밟는 대한민국 영토는 영종
도, 2026년 7월 1일부터는 영종구가 된다. 처음 만나는 대
한민국 땅이지만 영종은 서울이나 내륙으로 들어가는 통로
에 있는 작은 도시에 불과했다.

　　주거단지가 들어서고 인구 10만 명이 넘어서면서 작은
도시의 사람들은 영종이라는 도시의 정체성에 대해 생각하
기 시작했다. 도시의 정체성이 곧 나의 정체성과 연결되고,
도시의 구성원인 내가 도시의 일부분이기 때문이다. 4장은
영종의 정체성과 비전에 관한 사적이면서도 공적인 이야기
이다.

Vision 1

Aerotropolis(국제공항복합도시) 영종을 향하여

공항복합도시란 무엇인가: 새로운 도시 패러다임의 이해

영종국제도시의 미래는 단순한 공항 주변의 배후도시 모델로는 더 이상 설명될 수 없다. 우리는 공항을 중심으로 모든 산업과 기능이 융합되는 '공항복합도시(Aerotropolis)'라는 새로운 도시 패러다임을 지향해야 한다. 이는 미국의 도시계획학자 존 D. 카사르다(John D. Kasarda)가 제시한 개념으로, 항공(Aero-)과 대도시(Metropolis)를 결합한 용어이다. 공항이 도시의 중심상업지구(CBD) 역할을 대신하며, 모든 기능이 연결성(Connectivity)을 기반으로 유기적으로 구축되는 구조를 의미한다.

공항복합도시는 두 가지 필수 요소로 구성된다. 첫째, 공항 터미널을 중심으로 호텔, 컨벤션 센터, 비즈니스 센터 등 여객 및 물류 관련 상업 시설이 집적되는 중심부(Airport City)이다. 둘째, 공항 주변 반경 10~20km 이내에 첨단산업 클러스터, 물류·유통 단지, 주거 배후단지가 고속도로 및 철도망으로 연결되는 외곽/회랑이다.

이 도시 모델의 핵심 동력은 '시간과 속도의 경제(Economies of Speed)'이다. 21세기 글로벌 경쟁 환경에서 기업의 경쟁력은 지리적 거리(Distance)가 아닌, 전 세계 공급 업체 및 고객과의 신속한 연결(Speedy Connectivity)에 의해 결정된다. 따라서 항공 물류 의존도가 높고 신속성이 생명인 첨단 제조(바이오, 반도체), R&D, 국제 금융, MICE, 복합 리조트 등 고부가가치 산업 및 지원 기능이 공항 주변에 집중된다. 영종은 이미 인천국제공항이라는 아시아 최고의 인프라와 복합리조트라는 고부가가치 산업군을 확보하고 있기에, 이 선진적인 도시 모델을 실현할 최적의 조건을 선점하고 있다.

이미 세계 유수의 도시들은 공항복합도시 모델을 성공적으로 구현하여 도시 경쟁력을 극대화했다. 이들의 성공 방정식은 영종이 가야 할 방향타를 명확히 제시한다.

네덜란드 암스테르담 스키폴공항은 유럽 물류 및 비즈니스 허브로서 공항복합도시의 가장 오래되고 성공적인 사례로 손꼽힌다. 스키폴은 단순히 비행기 이착륙 시설이 아니다. 공항 지하에 고속철도역이 위치하여 암스테르담 도심은 물론, 로테르담 항구, 독일, 벨기에 등 인접 국가까지 철도로 직접 연결하는 완벽한 복합 연계 교통 시스템을 구축했다. 또한, 스키폴 커머스 존(Commerce Zone)에 대규모 R&D 단지와 컨벤션 시설을 조성하여 공항 자체를 연속성이 보장되는 강력한 상업 지구로 변모시켰다.

아랍에미리트 두바이월드센트럴(DWC)은 알막툼 국제공항을 중심으로 대규모 자유무역지대(두바이 사우스)를 조성하여 파격적인 세제 혜택과 낮은 규제로 기업 친화적 환경을 선제적으로 구축했다. 특히, 세계 최대의 제벨알리 항과 알막툼공항을 고속도로 회랑으로 직결하는 해항-공항 연계(Port-Airport Corridor) 시스템은 해상-항공 복합 운송의 속도를 압도적으로 극대화하여 글로벌 물류 허브로서의 입지를 확고히 했다.

미국 댈러스-포트워스 국제공항은 라스 콜리나스와 솔라나 같은 배후 개발 도시를 중심으로, 공항 종사자 및 관련 기업 본사를 유치하여 주거·상업·업무 기능이 조화된 자족적 경제권을 형성한 사례다. 이는 공항 의존도를 줄이고 도시의 안정성을 높이는 모델을 제시한다.

싱가포르 창이 국제공항은 공항 자체를 관광 명소로 만든 '쥬얼 창이(Jewel Changi)' 복합단지 개발을 통해 비항공 수익을 극대화하고, 공항을 거쳐 가는 곳이 아닌 '머무르는 곳'으로 변모시키는 혁신을 단행했다.

이들 사례의 공통점은 정부, 지자체, 공항 운영사 간의 견고하고 일관된 협력 거버넌스를 통해 장기적인 도시 개발 전략을 흔들림 없이 추진했다는 점이다.

Aerotropolis를 향한 영종의 현실: 개념 정립과 전략의 부재

영종은 스키폴과 두바이가 가진 지리적 잠재력, 그리고 창이가 가진 관광 매력을 모두 가졌음에도 불구하고, 아직 그 위상에 걸맞은 미래 비전과 개념 정립이 미흡한 상태이다.

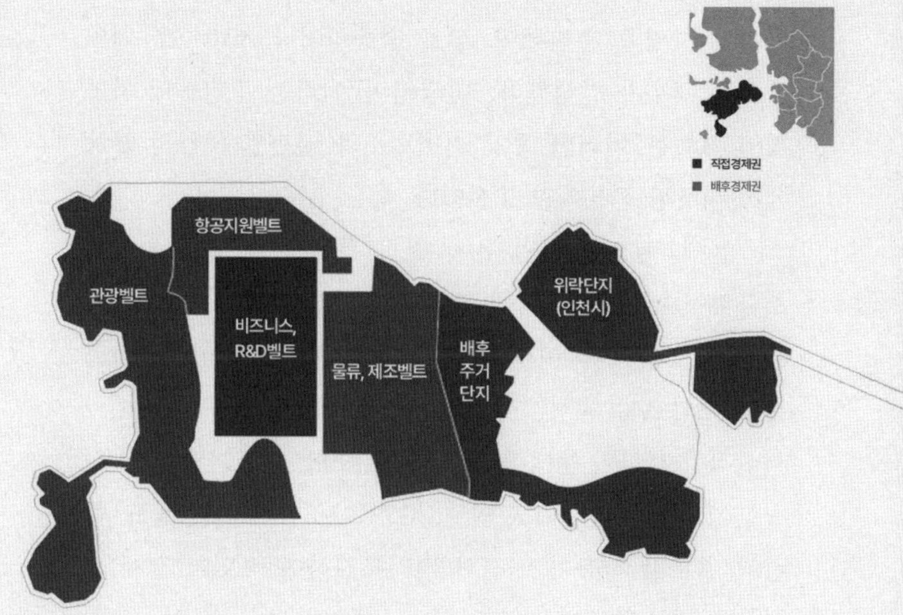

인천공항경제권 구성도(출처: 인천국제공항공사 홈페이지)

첫째, 공항복합도시 및 공항경제권(公港經濟圈)에 대한 상위 개념 정립이 부재하다. 인천국제공항공사, 인천시, 경제자유구역청 등 핵심 이해관계자들이 각기 다른 청사진을 가지고 사업을 추진하여, 상호 충돌하거나 시너지를 내지 못하는 경우가 발생한다. '미생의 땅'이라는 주민들의 자조적인 표현은 이러한 중앙 거버넌스와 일관된 비전의 부재에서 비롯된 근본적인 불신이다.

둘째, 신성장 산업 유치 및 교통 인프라 구축 전략이 소극적이다. MRO(항공기 정비사업) 거점 구축 사업은 궤도에 오르고 있으나, 이 외에 '항공·첨단산업·관광 연계', '항공 분야 스타트업 육성', '앵커 기업 유치'와 같은 구체적이고 혁신적인 전략이 눈에 띄지 않는다. 또한, 인력과 물류의 신속한 흐름을 위한 KTX 연결, 'GTX-D/E', '제2공항철도' 등 광역 철도망 확충이 여전히 지지부진하여 속도의 경제 실현을 저해하고 있다.

셋째, 법제도 및 다자간 협력 체계가 미비하다. 공항경제권 및 공항복합도시 조성을 위한 제도적 기반이 미비하며, 다자간의 협력 운영 구조, 즉 정부, 지자체, 지역사회(민간) 간의 긴밀한 3자 협력 거버넌스 구축이 매우 미흡하다. 이는 영종 발전의 장기적이고 일관된 정책 추진을 가로막는 구조적 장애물이다.

과제들:
특별법 제정과 거버넌스 구축이 영종의 첫 단추

영종이 공항복합도시로 도약하기 위한 최우선 과제는 법제도 정비와 강력하고 유연한 거버넌스 구축이다.

궁극적으로는 〈인천공항경제권개발특별법(가칭)〉 제정을 통해 공항과 영종 배후 지역을 하나의 특별 개발 구역으로 지정하고, 사업의 일관성과 효율성을 높여야 한다. 이와 함께 영종 지역의 특수성을 고려한 개발청 또는 개발공사 설립을 검토하여, 중앙정부와 지자체의 이해관계를 조정하고 신속하게 사업을 추진할 수 있는 강력한 추진 동력을 마련해야 한다. 이 조직은 '시간과 속도의 경제'를 행정적으로 뒷받침하는 첨병 역할을 수행해야 한다.

또한, 지역사회의 역량을 결집하기 위해 가칭 '영종-인천공항 발전협의회'를 구성해야 한다. 이 협의회는 공항 운영사, 지방정부, 민간 전문가, 그리고 영종 주민 대표가 모두 참여하는 민관 거버넌스의 핵심 플랫폼이 되어 공항경제권 발전의 청사진을 공유하고, 특히 지역 상생 방안을 제도적으로 논의하는 통로가 되어야 한다. 법과 제도로 개발 동력을 확보하고, 협의체를 통해 민주적 정당성을 확보할 때, 영종의 Aerotropolis 비전은 비로소 현실로 전환될 수 있다.

Vision 2

AI, 에너지 전환 모범도시

이재명 정부 국정과제로 보는 AI,
에너지 전환 시대의 기회

현재 대한민국은 이재명 정부의 국정과제를 통해 AI와 에너지 전환이라는 전 지구적 시대 변화를 국가 경쟁력 강화의 결정적 기회로 삼고자 한다. 정부는 독자 AI 생태계를 구축하여 세계 3대 AI 강국으로 도약하고, 대규모 재생에너지 생산을 늘려 RE100(Renewable Electricity 100%, 기업이 사용하는 전력을 모두 재생에너지로 충당하겠다는 자발적 캠페인) 촉진과 에너지고속도로 구축을 추진하고 있다. 이러한 국가적 대전환의 시대에 영종은 가장 중요한 테스트베드이자 모범도시가 될 수 있다. 지리적 독립성과 광활한 유휴지를 갖춘 영종은 새로운 기술과 시스템을 적용하고 그 효과를 검증하기에 최적의 실험실을 제공한다. 영종의 미래 비전은 이 두 가지 핵심 분야에 대한 선도적인 도입과 성공 사례 창출에 그 성패가 달려 있다.

AI가 바꿀 미래:
영종을 'AI 시범도시'로 선언한다

AI는 이제 21세기의 새로운 전기(電氣)로 불리며, 우리의 일상과 산업 시스템 전반을 근본적으로 변혁시키고 있다. 특히 생성형 AI를 통한 지적 업무 혁신을 넘어, 피지컬 AI(로봇, 자율주행) 기술은 영종과 같은 항공, 관광 인프라 중심 도시에 가장 큰 영향을 미칠 것이다. 최근 인천공항공사는 'AI 혁신허브' 사업을 공모했다. 북측 국제업무단지에 설치할 AI혁신허브에는 GPU 1만 장 규모의 데이터센터와 R&D센터 등이 입주할 예정이다. AI데이터센터에 공급할 전력 확보를 위해 분산에너지특구 지정이 필요하다.

영종은 공항 물류 시스템을 중심으로 AI 기반의 스마트 물류 시스템을 선도적으로 적용하고, 자율주행 셔틀 등 피지컬 AI 기술을 시험하기에 완벽한 조건을 갖추고 있다. 또한, AI 기반의 스마트버스 환승 시스템, 챗봇을 활용한 개인 맞춤형 AI 행정비서 서비스 등을 선도적으로 도입하여 '꽉 막힌 민원'을 해소하고, 행정의 효율성을 극대화할 수 있다. 영종이 AI 시범도시가 된다는 것은, 영종 주민에게 'AI 기반 기본사회'로 가는 최첨단 통로를 가장 먼저 제공하는 것이며, 대한민국 스마트시티 모델의 성공적인 청사진을 세계에 제시하는 것과 같다.

탄소중립, 생태도시:
생태적 가치와 순환 경제의 결합

기후위기 대응은 더 이상 환경 문제가 아닌, 도시와 국가의 지속 가능성을 결정하는 생존 전략이다. 탄소 배출을 억제하기 위한 에너지 전환과 순환 경제 생태계 조성은 영종의 장기적인 미래를 위한 필수 과제이다. 영종은 세계자연유산 등재를 추진 중인 영종갯벌이라는 독보적인 생태 자원을 보유하고 있다. 흰발농게, 저어새와 공존하는 생태환경 친화 도시로서의 정체성을 확립하고, 이 생태적 가치를 보존해야 한다. 영종도 내 도로로 끊어진 생태 축을 연결하여 동물들과 상생하는 방안도 필요하다.

나아가 단순히 환경을 보존하는 것을 넘어, 생활 속 탄소중립 실천 방안을 주민들과 함께 모색하고, 재활용 및 폐

기물 관리 시스템을 순환 경제 모델에 맞춰 혁신해야 한다. 영종이 가진 아름다운 자연환경은 '공항복합도시'의 차가운 이미지를 상쇄하고, '자연과 첨단 기술이 공존하는 미래형 생태도시'로 격상시킬 수 있는 독창적인 가치이다.

에너지 자립 도시, 영종이 해야 하는 이유, 할 수 있는 이유

영종은 탄소 배출량이 많은 인천국제공항을 품고 있고, 해수면 상승에 취약한 섬 지역이기에, 기후위기 대응과 탄소 중립 실현에 대한 국가적 책임과 의무가 막중하다. 동시에 영종은 에너지 자립 도시가 되어야 할 충분한 잠재력과 당위성을 가지고 있다.

첫째, 넓은 유휴부지가 곧 재생에너지 발전의 자원이 된다. 유휴부지와 공항 시설의 옥상 등을 활용하여 태양광, 수소연료전지 등 재생에너지 발전단지를 대규모로 조성할 수 있다. 해양수산부가 소유한 제2준설토투기장을 활용하면 기가와트급 전력생산기지가 된다. 이는 인천공항의 RE100 목표 달성을 지원하는 가장 확실하고 신속한 방법이며, 영종을 명실상부한 '에너지 자립, 탄소중립 도시'로 만드는 기반이 된다.

둘째, 글로벌 첨단산업 유치에 결정적으로 유리하다. 최근 글로벌 제조 기업들은 ESG 경영과 RE100 이행을 위해 재생에너지 공급이 확실한 지역을 최우선으로 선호한다. 재생에너지가 풍부한 전남에서 전기를 끌어오기보다 지산지소 원칙에 따라 영종 RE100 산단을 조성할 수 있다. 특히 애플, 구글 같은 글로벌 IT기업의 데이터센터나 고부가가치 물류센터는 수도권 입지와 RE100이 동시에 필요하다. 영종 RE100산단은 지방산단의 경쟁자가 아니다. 대한민국 수출기업들이 RE100 장벽에 막혀 해외로 이전하는 것을 막는 '마지막 방어선'이다.

셋째, 민관 투자를 통한 주민 참여와 혜택을 극대화할 수 있다. 재생에너지 발전사업에 주민들이 소액으로 참여하고 이익을 환원받는 '햇빛연금' 시스템을 구축한다면, 영종 주민들이 에너지 전환의 과실을 직접 누리고 지역경제공동체를 형성하는 선순환 구조를 만들어낼 수 있다. 이는 주민 주도형 발전모델의 핵심이 될 것이다.

전남 해남군 솔라시도 태양광 발전단지(출처: BS한양 홈페이지)

인천공항 AI혁신허브 개발사업 조감도(출처:인천공항공사 홈페이지)

Vision 3

사통팔달, 소통과 교류의 도시로

**영종 주민 최대 민원은 교통:
통합의 장애물, 통행료의 굴레**

공항복합도시를 실현하기 위한 가장 기초적이고 필수적인 조건은 물리적 연결성의 확보다. 영종 주민의 최대 민원이자 도시 발전의 가장 큰 족쇄는 바로 교통 문제이다. 수도권과의 연결성 강화는 공항복합도시 영종 발전의 필수조건임에도 불구하고, 영종대교와 인천대교의 높은 통행료는 영종을 대한민국 본토와 분리하여 도시 경쟁력을 낮추고, '인천 통합의 장애물'로 작용해 왔다.

높은 통행료는 단순한 경제적 부담을 넘어, 영종 주민들에게 '차별받는 섬 주민'이라는 심리적 고립감을 심화시키는 요인이었다. 영종은 대한민국에서 유일하게 통행료 없이 갈 수 없는 지역이다. 영종의 통행료 문제는 지역 균형 발전과 공공성 확보라는 국가 정책적 관점에서 접근해야 한다.

통행료의 단계적 인하를 넘어, '2030년 전 국민 무료통행 다리를 만들자!'는 과감한 목표를 설정해야 한다. 2030년이면 영종대교의 민자 사업자 계약이 종료되어 제3연륙교 손실보상금 지급도 끝난다. 이를 계기로 제3연륙교의 전 국민 무료화를 우선 추진해야 한다. 제3연륙교의 건설은 시작일 뿐이며, 영종으로 접근하는 모든 다리의 통행료 무료화는 영종을 '고립된 섬'이 아닌, 수도권 경제권의 통합된 일부로 편입시키는 상징적이고 실질적인 조치이다.

GTX와 제2공항철도: 광역 교통망의 혁신

영종의 광역 교통망 혁신은 크게 두 가지 축으로 이루어져야 한다.

첫째, GTX(수도권 광역급행철도) 건설이다. 현재 논의되고 있는 GTX-D 노선이나 GTX-E 노선의 영종 연결은 서울 도심 및 수도권 핵심 지역과의 접근 시간을 획기적으로 단

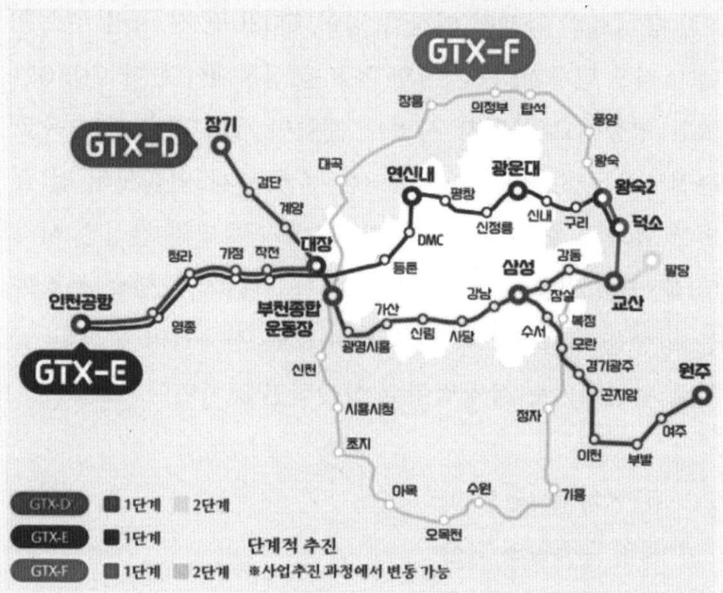

GTX-D노선 계획도. 제5차 국가철도망구축계획 반영을 기대하고 있다.

축하여, 영종을 단순한 외곽이 아닌 30분대 접근이 가능한 핵심 거점으로 만든다. 이는 공항 종사자 및 MICE, 첨단 산업 관련 인력 유치에 결정적인 경쟁력이 된다.

둘째, 제2공항철도건설과 인천발 KTX 연결이다. 인천 내륙과 영종을 연결하는 제2공항철도를 통해 수도권과의 접근성을 다변화해야 한다. 이러한 철도망 확충은 영종을 교통의 사통팔달(四通八達) 도시로 만드는 핵심 인프라이다. 수도권 남서부와 충청 이남 지역에서 대중교통으로 인천공항을 가려면 서울을 거쳐서 가야 한다. 내년에 인천발 KTX가 운영될 예정이지만 출발역이 송도역이라 인천공항 접근이 제한적이다. 인천시는 송도역에서 구도심인 인천역을 거쳐 영종도를 잇는 제2공항철도를 제안하고 있는데 사업 재기획 용역조사에서 경제성이 0.5 미만으로 나와 대안이 필요하다.

대중교통으로 영종을 즐길 수 있게: 내부 교통망의 완성

광역 교통망 확충과 더불어, 영종 내부의 대중교통 시스템 역시 획기적으로 개선되어야 한다. 주민들의 삶의 질과 관광객의 편의성을 동시에 만족시키는 내부 교통망은 도시의 활력을 결정한다.

1) 영종 4축 체계 구축 및 대중교통 30분 생활권 목표

영종 내부의 동서 2축, 남북 2축의 주요 도로망을 정비하고, 영종 어디든 대중교통으로 30분 이내에 접근 가능한 시스템을 구축해야 한다. 인천시 도시철도계획으로 확정된 영종 트램 건설을 조속히 추진하되, 그전까지 주요도로에 버스전용차로 개설과 급행버스 운행이 필요하다.

2) 공공버스 단계적 무료화 및 혁신적인 스마트 시스템 도입

영종 내부 순환 공공버스에 대해 단계적 무료화를 도입하여 주민 복지를 증진하고 대중교통 이용률을 높여야 한다. 또한, 빅데이터와 AI를 활용한 버스 환승 시스템을 개편하여 실시간 수요에 기반한 노선 조정과 배차 간격을 최적화해야 한다. 이용객이 많은 노선의 경우 AI 기반 자율주행버스 도입도 적극 검토해봐야 한다. 이는 앞선 Vision 2에서 논의된 AI 시범도시의 구체적인 실천 사례가 될 것이다.

3) 영종역 환승 시스템 개혁 및 공항철도 노선 연장

처음부터 역사 설계가 잘못된 영종역의 버스 환승 시스템은 이용객의 불편을 초래하고 있다. 혹서기, 혹한기 승객들에게 가혹한 환경인 개방형 버스정류장은 이용객의 동선을 최소화하도록 리모델링이 필요하고, 폐쇄형 버스정류장을 설치해야 한다.

공항 북측으로 국제업무단지(AI혁신허브)와 MRO단지가 들어서고 있고, 인스파이어 리조트에서 대형 공연과 컨벤션이 개최되고 있지만 대중교통이 절대적으로 부족하다. 공항철도 종점을 제2여객터미널에서 을왕리까지 연장하는 방안을 적극 검토해야 한다.

Vision 4

K-컬처, 영종에서 즐겨라

이재명 국정과제로 보는
K-컬처 부흥 정책과 관광도시 영종

K-컬처는 이제 대한민국을 대표하는 소프트파워이자 고부가가치 산업이다. 이재명 정부의 국정 비전은 콘텐츠 국가 전략산업화를 통해 K-컬처의 외연을 확장하고, 자유로운 예술 창작 환경 조성 및 세계인이 찾는 관광산업 기반 구축을 핵심 목표로 한다. 또한, 모두가 즐기는 스포츠를 통해 국민 건강과 문화 향유권을 확대하는 것 역시 중요한 축이다.

영종은 이 K-컬처 부흥 정책의 최전선이자 관문의 역할을 해야 한다. 인천국제공항은 연간 수천만 명이 오가는 대한민국의 첫인상이며, 인스파이어 아레나와 같은 대규모

복합리조트 시설은 K-팝 공연, E-스포츠 리그 등 엔터테인먼트 콘텐츠를 즉각적으로 소비할 수 있는 물리적 인프라를 이미 갖추고 있다. 영종은 단순한 관광지가 아닌, K-컬처의 시작과 끝이 공존하는 복합문화 플랫폼으로 재탄생해야 할 당위성이 있다.

환승 관광객 100만 명 시대, 버스를 돌려라

인천국제공항은 이제 연간 800만 명에 달하는 환승객을 처리하는 동북아 허브 공항이다. 이 중 약 15%인 100만 명이 환승 관광객인데, 이 중 5%만이 인천과 영종에 체류하며 관광하는 것이 현실이다. 나머지 95%의 환승객은 짧은 시간 동안 공항 구역을 벗어나지 않거나 서울 등 다른 지역으로 직행한다. 이는 영종이 얻을 수 있는 엄청난 경제적 기회를 놓치고 있음을 의미한다. 서울로 나가는 버스를 영종으로 돌려야 한다. 영종은 이 환승 관광객을 유치하여 지역경제를 활성화해야 한다. 이를 위해 환승 관광객 영종 체류 유도 정책을 대대적으로 추진해야 한다.

첫째, '영종의 볼거리, 놀 거리, 먹을거리'를 환승객의 체류 시간에 맞춘 다각적인 관광상품으로 즉각 개발해야 한다. 3시간 코스(공항 근접 시설), 6시간 코스(갯벌 및 해변), 12시간 코스(복합리조트 및 문화시설) 등 체류 시간에 따라 선택할 수 있는 맞춤형 패키지를 구축해야 한다. 관광상품화할 수 있는 콘텐츠는 다음과 같다.

1) 한류 체험 마을 및 K-팝 상설공연장

인스파이어 아레나 등 기존 시설을 중심으로 상시적인 K-팝 공연을 유치하고, 인근에 한류 체험 마을을 조성하여 외국인 관광객이 한국의 드라마, 음식, 패션 등을 직접 체험할 수 있는 공간을 제공해야 한다. 이러한 시설은 환승객과 체류 관광객 모두에게 강력한 유인책이 될 것이다. 삼목도 선사유적지-용궁사-영종진공원/영종역사관으로 이어지는 영종의 역사테마 관광코스도 가능하다.

2) 갯벌 생태 체험 및 해양 레저 강화

단순히 K-컬처에만 집중하는 것을 넘어, 갯벌 생태 체험과 해양 스포츠 테마파크를 결합하여 영종만의 '컬처+생태' 융합 관광상품을 개발해야 한다. 이는 친환경적인 관광 수요를 충족시키는 동시에 도시의 생태적 가치를 보존하는 일석이조의 효과를 가져온다.

영종도 한류 체험마을 예상도(AI 생성 이미지)

3) 백운산을 영종의 남산으로

영종의 중앙에 위치한 백운산을 정상 전망대, 트레킹 코스, 둘레길, 예술 조형물 등을 갖춘 도시의 상징적인 문화 휴식 공간으로 조성해야 한다. 서울의 남산 타워처럼, 백운산을 영종의 야경과 스카이라인을 조망하는 핵심적인 관광 거점으로 만들어 도시의 랜드마크 가치를 높여야 한다.

4) 스포츠 콤플렉스(Sports Complex) 건립

인천공항과 대형 호텔리조트가 있는 영종은 국제대회 유치에 좋은 조건을 갖추고 있다. 유휴부지에 축구장, 야구장 등 스포츠시설을 건립하여 국제(국내)대회를 유치하면 지역 숙박업과 요식업, 관광업 활성화에 효과가 있다. 공항-영종 주요 관광지 간의 환승 전용 버스 노선을 신설하고 무료 또는 저렴하게 운행하여 환승객이 영종을 안전하고 편리하게 즐길 수 있도록 해야 한다. 환승 카운터에서 영종 관광지 안내를 최우선으로 제공하고, 환승객만을 위한 '영종 투어 패스'를 발행하는 등 행정적·재정적 지원이 필수적이다.

도시의 격을 높이는 문화융성도시

진정한 국제도시는 높은 건물과 첨단 산업만으로 완성되지 않는다. 시민과 방문객이 향유할 수 있는 문화적 깊이와 풍요로움이 도시의 격을 결정한다. 영종은 단순한 산업 도시가 아닌, 문화융성도시로 도약해야 한다.

첫째, 민관이 함께 만드는 아트센터 건립을 추진해야 한다. 공항과 복합리조트를 방문하는 전 세계 사람들에게 영종의 문화적 가치를 보여줄 수 있는 상징적인 문화 시설이 필요하다. 이 아트센터는 K-컬처를 전시하는 동시에 지역 주민의 문화 예술 체험 기회를 제공하는 복합 거점 역할을 해야 한다. 지자체의 역량으로만 아트센터를 만들려면 예산과 시간이 많이 들어간다. 이미 파라다이스시티와 인스파이어 리조트는 수준 높은 문화예술공간을 조성하여 운영 중이다. 민간과 잘 협업한다면 새로운 형태의 문화공간을 창출할 수 있다.

둘째, '영종문화관광재단' 설립을 통해 도시의 문화적 자산 관리 역량을 강화해야 한다. 재단은 영종의 역사 문화 보존과 관광 교육상품 개발을 주도하고, 영종만의 독창적인 스토리를 발굴하여 관광 콘텐츠로 개발하는 역할을 수행해야 한다. 특히, 삼목도 선사 유적지, 용궁사, 씨사이드파크 등 기존 자원의 가치를 재조명하여 관광 상품성을 높여야 한다.

셋째, 주민에게 문화예술 체험 기회를 적극적으로 제

공해야 한다. 복합리조트 내의 공연장이나 전시 시설을 주민들이 저렴하게 이용하거나 문화강좌를 수강할 수 있도록 협력 체계를 구축하여, 주민들이 문화 소비자가 아닌 문화 생산자로서의 역할을 할 수 있도록 지원해야 한다.

넷째, 여러 개로 흩어져 산발적으로 진행되는 축제들을 정리하여 지역 대표 축제로 육성할 필요가 있다. 비슷비슷한 컨셉의 축제가 아니라 특색 있고 영종에서만 보고 즐길 수 있는 축제문화를 만들어야 한다. 대표 축제의 경우 외부에서 오는 관람객이 불편하지 않도록 주차장과 안내요원을 충분히 준비해야 한다.

영종의 자랑,
세계여행 선구자 김찬삼 선생

세계여행의 선구자 김찬삼 선생

한국 최초, 지구를 세 바퀴 돈 탐험가

김찬삼 교수는 대한민국 최초로 세계 일주에 성공하였다.
그는 36년간 167개국, 총 50만km 이상을 탐험한 전설적인
지리학자이자 여행가였다. 1958년부터 1975년까지 세 차
례의 공식적인 세계 일주를 감행하였는데, 이는 한국전쟁
직후 해외여행이 엄격히 통제되던 시대에는 불가능에 가까

운 도전이었다.

그의 여행은 단순한 관광이 아니었다. 미지의 세계를 탐험하고 한국인의 기상을 알리려는 개척 정신에서 출발하였다. 김찬삼 교수는 경희대학교 지리학과 교수로 재직하며, 현장에서 얻은 지식과 경험을 기록으로 남겨 한국 사회에 넓은 세계관을 심어주었다.

그의 대표 저서《김찬삼의 세계여행》시리즈는 1960년대부터 출간되어 독자들에게 각국의 지리, 역사, 문화, 풍습을 생생하게 전달하였다. 이 책은 해외로 나갈 수 없던 수많은 한국인에게 꿈과 모험심을 고취하였다.

영종도에 남긴 유산: 세계여행문화박물관 설립

김 교수는 말년에 자신이 평생 수집한 유물과 기록을 보존하고 대중과 공유하고자 하였다. 그는 1996년 영종도(현 영종역사관 자리)에 정착하여 세계여행문화박물관을 건립하였다.

이 박물관에는 그가 36년간 전 세계를 돌며 수집한 각국 민속품, 지도, 여행 기록 등 약 2만여 점의 귀중한 자료가 소장되어 있었다. 박물관은 그가 단순한 여행가를 넘어, 세계를 기록하고 공유한 문화 개척자였음을 보여주는 살아 있는 유산이었다.

김찬삼 교수는 "여행은 세계를 이해하는 가장 좋은 방

법"이라는 철학을 실천하였으며, 한국 사회가 글로벌 시민으로 성장하는 데 결정적인 영향을 미친 위대한 선구자로 기억된다.

2026년 김찬삼 탄생 100주년 기념

김찬삼 교수가 설립한 세계여행문화박물관은 아쉽게도 2013년 운영을 중단하고 폐관되었으나, 그의 유물은 공공기관 등에 안전하게 보관되어 있다. 김찬삼 기념사업회가 조직되어 인천 중구청 등 지자체와 협력하여 김찬삼 특별전시 등 기념사업을 추진하고 있다. 기념사업회는 2026년 김찬삼 교수의 탄생 100주년을 맞아 그의 업적을 재조명하고 기념하기 위한 다양한 문화 및 학술 행사를 계획 중이다. 인천 지역사회와 기념사업회를 중심으로 그의 '세계의 나그네' 정신과 개척자로서의 위업을 기리는 노력이 계속되고 있다.

Vision 5

주민의 힘이 도시의 힘

영종은 95% 이상이 외부에서 유입된 이주민으로 이루어진 젊은 도시다. 이는 도시의 역사적 깊이가 부족하다는 약점이 될 수 있지만, 동시에 다양한 문화와 역동성을 가진 '한국의 맨해튼'을 만들 기회이기도 하다. 주민의 힘이 곧 도시의 힘이며, 도시의 정체성을 주민 스스로가 함께 만들어갈 때 지속 가능한 발전이 가능하다.

이주민들은 자신들의 아이들이 영종을 '고향처럼 느낄 수 있는 도시'가 되기를 바란다. 이를 위해 관 주도의 행정을 넘어, 주민자치, 사회적기업, 협동조합 등 주민 주도의 공동체 경제 활동을 지원하여 '시끌벅적한 마을 만들기'를 유도해야 한다. 도시의 정책 결정 과정에 주민들의 참여를 제도적으로 보장하고, 영종전환포럼과 같은 민간 거버넌스의 역할을 확대해야 한다.

향토사(鄕土史)는 애향심의 토대

도시 정체성 확립의 근간은 그 지역의 역사와 문화에 대한 이해, 즉 애향심(愛鄕心)에서 시작된다. 이주민의 비중이 높은 영종일수록 향토사 교육이 중요하다.

1) 영종학(學) 기본교육 초·중학교 보급

영종의 역사, 지리, 생태, 산업을 담은 '영종학(學)'을 개발하여 초·중학교의 정규 또는 방과 후 교육 과정에 보급해야 한다. 아이들이 영종에 대한 지적 자긍심을 갖는 것이 미래 영종의 인재를 키우는 첫걸음이다.

2) 영종 문화재 복원 사업

영종은 과거 어촌 문화와 군사적 요충지로서의 역사를 간직하고 있다. 용궁사 등 기존 문화재와 경원정, 제물사 등 역사 유적에 대한 복원 및 정비 사업을 추진하여, 주민들이 직접 향토사를 체험할 수 있는 공간을 마련해야 한다.

3) 영종 자연사박물관 건립

세계자연유산 갯벌과 저어새 서식지 등 독보적인 자연 환경을 전시하고 교육할 수 있는 영종 자연사박물관을 건립하여, 영종의 생태적 가치를 대내외에 알리고 교육의 장으로 활용해야 한다.

4) 지역 연고 실업팀 창단

영종 지역민을 하나로 단결할 수 있게 하는 계기로서 지역 연고 실업팀 창단을 검토할 수 있다. 주민들이 가장 선호하면서 지자체 예산에 부담을 주지 않는 종목을 선정하면 된다.

지역화폐로 지역경제공동체 형성

지역화폐는 지역 중소자영업자를 지원하여 골목경제를 활성화하고 주민의 소비여력을 증진시킬 뿐만 아니라 지역공동체 촉진에 효과적인 수단이다. 인천시에서 이음카드 시스템을 구축하여 기초단체에서 활용하고 있지만 중구의 경우 지원액이 턱없이 부족하다. 기존 시스템을 계속 활용할지, (가칭) 영종페이 시스템을 자체적으로 구축하는 것이 나은

지는 검토해봐야 한다.

영종페이는 단순한 결제 수단을 넘어, 지역화폐 플랫폼으로 기능해야 한다. 이를 통해 영종 내 소상공인 우대, 착한소비캠페인 연계, 주민자치활동에 대한 인센티브 지급 등 다양한 공동체 문화 형성 기능을 부여해야 한다. 지역 내 소비의 선순환을 촉진하고, 외부 자본 유출을 막는 경제적 방파제 역할을 수행할 것이다.

평생교육도시와 지식 공동체

지식기반사회에서 도시의 경쟁력은 시민들의 학습 역량에 비례한다. 영종은 평생교육도시를 지향하며, 주민들의 지적 성장과 재교육 기회를 대폭 확대해야 한다.

1) 1동 1도서관 확충 및 스마트 책 대여 시스템

행정동별로 거점 도서관을 확충하고, 주민들이 공항철도 역사 등에서 쉽게 책을 대여하고 반납할 수 있는 스마트 책 대여 시스템을 구축해야 한다. 도서관을 단순한 책 보관소가 아닌, 주민의 사랑방이자 지식 교류의 장으로 만들어야 한다.

영종자연사박물관 예상도(AI 생성 이미지)

2) 온라인 학습 플랫폼 구축

주민 누구나 언제 어디서든지 학습할 수 있는 환경을 만들어야 한다. 영종의 다양한 교육 기관(평생교육원, 기업 연수원 등)의 콘텐츠를 통합하고, 온라인 학습 플랫폼을 구축하여 주민 누구나 접근 가능한 평생교육 환경을 조성해야 한다.

3) 주민이 운영하는 공공 중고서점 및 지식 나눔 장터

주민들이 주도적으로 운영하는 공공 중고서점이나 지식 나눔 장터를 통해 교육과 경제가 결합된 공동체 문화를 형성하여, 영종을 지적 활력이 넘치는 도시로 만들어야 한다.

영종, Spread your wings

미생의 땅에서 글로벌 심장으로: 비전의 재정립

우리는 지난 장들을 통해 영종국제도시가 가진 경이로운 잠재력과 동시에, 주민들이 감내해야 했던 '미생의 땅'으로서의 현실적 장벽들을 면밀히 검토했다. 아시아 최대 허브 공항을 품고, 대한민국 엔터테인먼트의 새로운 거점이자 세계자연유산의 가치를 지닌 영종은 더 이상 인천의 변방으로 머물러서는 안 된다. 영종의 미래는 단순한 신도시 개발을 넘어, 대한민국 미래 산업과 도시 모델을 실험하는 글로벌 테스트베드로 재정립될 수 있다.

이 비전의 핵심은 '연결성(Connectivity)의 극대화'에 있다. 지리적으로 단절된 섬이라는 한계를 극복하고, 물리적 연결(교통), 산업적 연결(첨단 기술), 그리고 사회적 연결(국제

화 및 공동체)이라는 세 축을 중심으로 영종을 재설계해야
한다.

미래 영종의 세 가지 핵심 동력

1) 물리적 연결의 완성: 교통 독립과 통합 환류 경제권 구축
영종의 모든 발전 논의는 통행료 문제와 대중교통 소외라
는 두 가지 족쇄를 끊어내는 것에서 시작되어야 한다. 통행
료 무료화를 넘어, 제3연륙교의 완성은 영종을 '섬'이 아닌
'인천의 일부'로 편입시키는 상징적 의미를 가진다.

궁극적으로는 인천 내륙과 영종을 하나의 경제권으로
묶어내는 환류 경제 체계를 구축해야 한다. 공항철도와 9호
선 직결 등 광역 교통망 확충을 통해 인재와 물자의 유입을
촉진하고, 영종 내부의 혁신적인 대중교통 시스템(트램, 자
율주행 셔틀 등)을 선도적으로 도입하여 영종이 교통 문제
해결의 표준을 제시하게 해야 한다.

2) 산업적 연결의 고도화: AI, 에너지, MICE 클러스터
앞서 논의했던 것처럼, 영종은 이재명 정부의 국정 비전인
AI와 에너지 전환에 최적화된 도시다.

- AI 기반 항공물류 혁신: 인천공항을 중심으로 AI 기

반의 스마트 물류 시스템을 선제적으로 구축하여, 처리 속도를 극대화하고 공항복합도시의 핵심인 '속도의 경제'를 완성해야 한다.

• 에너지 자립 도시: 풍부한 유휴부지를 활용하여 태양광, 수소 등 재생에너지 발전 클러스터를 조성하고, 인천공항의 RE100 목표 달성을 지원하는 '탄소중립 도시' 모델을 선언해야 한다.

• K-컬처와 융합된 MICE 허브: 인스파이어, 파라다이스시티 등 복합리조트를 단순한 카지노 시설이 아닌, K-컬처 콘텐츠와 첨단 기술(메타버스, XR)이 융합된 글로벌 전시/컨벤션(MICE) 허브로 육성하여 고부가가치 산업의 중심으로 만들어야 한다.

3) 사회적 연결의 확장: 국제 인프라와 공동체 역량 강화

젊은 도시 영종이 '미생'을 벗어나기 위해서는 '국제도시'라는 이름에 걸맞은 인프라가 필수적이다. 주민의 삶의 질 향상이 곧 국제 경쟁력이다.

• 공공의료 시스템 확보: 종합병원급 응급의료 시설 확충은 선택이 아닌 생존의 문제다. 공항의 안전과 14만 주민의 삶을 위해 정부가 전향적으로 개입해야 한다.

• 국제 표준 교육 및 행정 시스템: 국제학교 유치 및 다

국어 지원 행정 시스템 구축 등을 통해 다문화를 포용하는 진정한 국제도시 정체성을 확립해야 한다. 또한, 주민자치 역량을 강화하여 주민 주도 거버넌스가 도시의 미래를 설계하도록 해야 한다.

영종러너의 마지막 레이스: 헌신과 비전의 완성

마라톤의 고통스러운 42.195km를 완주하는 '영종러너'의 의지는 곧 영종의 미래 비전을 완성하겠다는 '헌신(Commitment)'의 메타포다. 영종에 대한 올 베팅은 단순한 투자를 넘어, 용기, 인내심, 그리고 자기 관리라는 러너의 미덕을 행정 역량에 투영하겠다는 다짐이다.

영종은 한국의 맨해튼이나 하이닉스의 극적인 반전과 같은 잠재력을 가졌다. 이제는 그 잠재력을 현실로 바꾸어 낼 지도력이 필요한 때이다.

영종의 미래는 이미 시작되었습니다. 이 책을 읽는 모든 독자가 영종이라는 위대한 마라톤 코스에서 함께 뛰는 러너가 되어, 미래 도시의 새로운 역사를 함께 만들어가기를 염원합니다. 출발선에 서는 용기로 두려움 없이 날개를 펼치고 날아갈 준비가 되었습니까?

퍼스트 코리아, 영종입니다

영종러너 박광운의 배움과 희망

초판 1쇄 발행 2026년 1월 12일

지은이 박광운
펴낸이 김현종
기획총괄 배소라 **출판본부장** 안형태
편집 최세정 진용주 김수진 장진경
디자인 조주희 김연주 **마케팅** 김예리 신잉걸
방송사업·미래전략본부 정태준 문상철 이주리 백범선 남궁주철

펴낸곳 (주)메디치미디어
출판등록 2008년 8월 20일 제300-2008-76호
주소 서울특별시 중구 중림로7길 4
전화 02-735-3308 **팩스** 02-735-3309
이메일 medici@medicimedia.co.kr **홈페이지** medicimedia.co.kr
페이스북 medicimedia **인스타그램** medicimedia
유튜브 medici_media